아버지께서는 생전에 한결같이 하시던 일이 있었다. 아침 식사 전과 점심 식사 후에 하는 두 번의 산책과 산책 후에 한 시간 정도 서예에 몰두하는 일이었다. 손수 벼루에 먹을 갈아서 만든 먹물이나, 문구점에서 사온 먹물로 고운 한지에 사자소학四字小學과 명심보감明心寶鑑의 글귀를 쓰셨다. 신문지에 충분히 연습한 후에 한지에 한자를 쓰셨다.
 언젠가 아버지 글귀가 써진 신문지를 그냥 버리기가 아까워서 아버지 몰래 파주로 챙겨온 적이 있었다. 다른 형제들도 수북이 써 놓은 아버지의 서예 작품을 챙겨서 각자의 집으로 돌아갔다. 살면서 아버지가 그리울 때 꺼내보면서 추억하고 싶어서 서예 작품을 챙겨갔을 것이다.

▲ 군대에서 부대원과 함께(오른쪽)   ▲ 장암에서 부대원들과 함께 (왼쪽 첫 번째)

▲ 1961년 8월30일 전역을 앞두고 헌병대 동기들과 함께 (뒷줄 왼쪽 첫 번째)

▲ 2004년 고희연 때의 가족사진

▲ 2004년 태국에서 부인 효순, 아들 승현, 며느리 지선과 손녀 가림, 외손자 민재와 함께

▲ 1980년 경주 보문지구 공사를 마치고

▲ 1988년 셋째 딸 졸업식 때 인하대에서 부인과

▲ 1995년 제주도에서 부인 효순과 함께

▲ 1998년 남원 광한루에서 형님과 함께

꿈처럼 흘러간 세월

방경원 회고록

도서출판 **명성서림**

머리글

방경원의 삶과 생애

　방경원房璟源은 1935년 8월16일 전북특별자치도 남원시 대강면 송내리에서 부 방순열房順烈과 모 정순덕鄭順德과의 사이에서 2남 1녀 중 차남으로 태어났다. 마을 뒤에는 소나무가 울창한 산이 병풍을 두른 듯 마을을 감싸고 있었다. 마을 앞에는 멀지 않은 곳에 호수처럼 넓은 방죽(저수지)이 자리하고 있는 가난하고 한적한 외진 농촌 마을이었다. 열 살이 되어서야 십 리 길을 걸어서 대강면에 있는 대강공립국민학교(현 대강초등학교)에 입학했다. 어릴 때부터 학교 수업이 끝나면 집으로 돌아와서 부모님의 농사일을 거들었다. 학업 성적이 뛰어나서 몇 번의 월반을 거쳐 대강공립국민학교를 졸업하던 해에 순창공립농업학교(현 순창제일고등학교)에 시험을 보고 입학했다. 그러나 이듬해인 1950년에 한국전쟁이 일어나서 다니던 학교를 중퇴하고 3년간 서당에서 한학을 수학했다.

　청년 시절에는 일찍 서울로 상경한 친한 친구가 있어서 잠시 서울 생활을 하기도 했다. 서울에서 생활하다 형님의 부름을 받고 낙향한 후 부모님의 권유로 전라남도 곡성군 입면 제월리의 부 심항구沈恒求와 모 김순임金順任과의 사이에서 태어난 장녀 심효순沈孝順과 결혼했다. 전쟁 때 다친 형 때문에 군대에 입대하는 것을 미루다 결혼 후 늦은 나이에 논산 훈련소에 입소했다. 논산 훈련소 훈련을 마친 후, 교관이셨던 외삼촌의 배려로 평소에 관심을 가졌던 헌병(군사 경찰)을 지원했다. 영천으로 이전한 헌병학교에서 훈련을 마치고 졸업 후에는 5사단에서 군복무를 시작했다.

군복무를 마치고 부모님께서 살고 계신 같은 마을 송내리로 분가했지만, 농사를 지어서는 자식들과 함께 잘 살 수 없다고 판단해서 큰딸과 먼저 서울로 상경했다. 기거할 곳이 마땅치 않아서 문래동 외삼촌 댁에 살면서 장사를 하다가 기술을 배워야겠다는 생각으로 건축 기술을 배우게 되었다.

1969년에 어느 정도 서울에서 생활할 수 있는 기반이 다져져서 남원에 있는 가족들을 데려와 서울시 구로구 구로동에 삶의 터전을 잡게 되었다. 방 한 칸과 다락이 있는 월세방에서 살다가 방이 두 칸인 곳으로 옮겼을 때는 아이들이 많다는 이유로 주인집의 눈치를 봐야 했다. 그래서 서울로 올라온 지 6년 되던 1975년에 구로구 가리봉동에 방 세 칸이 있는 단독주택을 사서 이사하게 되었다. 평수는 그리 넓지 않았지만, 다른 사람의 눈치를 보지 않고 가족끼리 자유롭게 생활할 수 있어서 마음만은 편했다.

이명박 정부의 가리봉동 뉴타운 공약이 발표되기 이전까지 어언 40

년을 구로동과 가리봉동에서 살았다. 구로동에서의 몇 년을 제외하곤 거의 가리봉동에서 행복한 삶을 누렸다. 가리봉동에서 두 번째로 살던 집은 꿈에 그리던 언덕 위의 하얀 집을 사서 빨간 벽돌의 삼층집으로 재건축해서 살았다. 건축기술자로 평생을 살았지만, 자신의 집은 다른 기술자에게 과감하게 맡겼다. 자신이 직접 관여하게 되면 집을 잘 지어야 한다는 욕심이 눈을 가리게 되어, 판단 능력이 흐려질 것을 염려했기 때문이다. 그리고 그 당시에는 진행하던 공사가 있어서 본인 집을 짓겠노라, 맡은 공사를 중간에 그만둘 수가 없었다. 1층 마당에는 빨간 벽돌을 쌓아서 직접 화단을 만들었고, 대문 옆에는 커다란 대추나무를 한 그루를 심었다. 여름에 따가운 햇볕에 잔뜩 살을 찌운 대추가 한약 찌꺼기로 거름을 준 정성에 보답하듯 가을에는 씨알 굵은 대추를 주렁주렁 내어주었다. 1층에는 중국인이 세 들어 살았는데, 잘 익은 빨간 대추 한 대접을 건네주면 연변에서도 보지 못한 대추라며 함박웃음을 짓곤 했다. 2층도 세를 주었고, 3층에서 온 가족이 생활하면서 옥상에는 텃밭을 만들어 사용했다.

철마다 상추와 고추, 들깨와 부추, 더덕과 토마토 등을 손수 가꾼 덕분에 싱싱한 야채를 식탁에서 항상 마주할 수 있었다. 말로 표현은 안 했어도 상추와 부추겉절이를 좋아하는 남편을 위해 끼니때마다 신경을 써주는 아내가 무척이나 고마웠다. 옥상에 심어둔 인동초가 노란 꽃을 피워 손수 만든 평상의 지붕을 덮으면 반짝이는 햇살로 옥상은 금세 환하게 밝아졌다. 수도 설비를 직접 해 놓은 옥상은 봄부터 가을까지 가족들의 모임 장소 역할을 톡톡히 해냈다. 옥상에서 직접 딴 고추와 들깻잎과 상추를 씻어서 고기나 장어를 구워 파티를 벌이는 일도 자주 있었다.

온 가족이 옥상에 모여 식사하며 담소를 나누는 날에는, 노을을 바라보며 볼을 스치는 실바람에도 행복해하던 가족들의 밝은 웃음소리가 하늘 가득 울려 퍼지곤 했다.

공사판에서 건축기술자로 평생을 인부들과 살았지만, 외손자와 손녀들이 커 가는 모습을 지켜보며 세월은 강물처럼 쏜살같이 흘러갔다. 일흔이 넘어도 일주일에 하루 이틀은 인력시장을 통해서 일을 이어갔다. 평생 몸에 밴 건축 기술이 아깝기도 했지만, 힘이 있을 때까지는 건강을 위해서라도 놀지 않고 조금씩 일을 하고 싶었다. 일을 마치고 귀가하면 할아버지를 기다려 준 외손자와 손녀에게 용돈을 손에 쥐어주는 것 또한 쏠쏠한 기쁨을 안겨주었다.

2009년 2월 13일 정든 가리봉동을 떠나 경기도 고양시로 이사를 하던 날 슬픔을 가누지 못하고 울고 말았다. 오랜 시간 정을 나누었던 동네 사람들도 골목길에 모두 나와서 안타까운 배웅을 해주었다. 훗날 뉴타운 공약을 남발한 MB의 무모한 정책으로 가리봉동은 결국 재개발 지역에서 제외되는 해프닝을 겪게 되었다. 가리봉동이 뉴타운으로 지정되지 않았다면, 눈 감는 그날까지 그곳에서 살았을 것이다. 주택에서 살다가 고양시 아파트에서 '답답해서 어떻게 살까?' 걱정도 했지만, 새로운 환경에 적응해야만 했다. 아파트 단지 내 경로당에서 총무, 부회장을 역임하는 등 경로당 일에 참여했다. 경로당 동료들과 함께 일주일에 두 번씩 식사도 하면서 부부가 함께 행복한 시간을 보냈다. 매주 월요일이면 경로당의 동료들과 아파트 주변을 청소한 후에 점심을 먹기도 했다. 그리고 한 달에 한 번 외부로 나가 식사하는 것 또한 부부가 빠지지 않고 참석했다.

같은 단지 내의 경로당 동료들과 보내는 시간은 그야말로 즐거웠다.

그러나 2015년 가을, 아내의 갑작스러운 교통사고는 씻을 수 없는 상처를 남기고 말았다. 본인 잘못이 아님에도 아내의 죽음을 받아들이지 못하고 의자에 등을 기대고 앉아 자책하며 하염없이 밖을 응시하는 날들이 늘어 갔다. 60년을 함께 한 아내가 곁에 없다는 것은 너무 쓸쓸하고 외로웠다. 자식들은 어머니의 못다 한 삶을 아버지께서 대신 이어가길 간절히 바랐다. 그러나 아내 떠난 지 6년 되던 해 늦가을에 비중격 염증으로 북한산이 보이는 은평성모병원에 입원하게 되었다. 비중격과 볼의 염증 수술 후 기력을 회복하지 못하고 깊은 잠에 빠지듯 87세를 일기로 조용히 눈을 감고 말았다. 삶과 죽음은 너무도 가까운 거리에서 그렇게 서로 등을 지고 있었다.

작가의 말

인간은 곧 우주를 기반으로 해서 사는 자연의 한 부분이다. 한 인간에게 주어진 삶은 개인뿐만 아니라 사회적 차원에서 중요한 의의를 지닌다고 할 수 있다. 개인의 삶에서 시대의 흐름을 읽을 수 있고, 사회 전반의 상황을 살필 수 있기에 개인의 삶은 결코 개인의 삶에 국한되는 것만은 아니다.

1935년생인 아버지께서는 일제 강점기와 한국전쟁을 몸소 겪으셨다. 일제의 만행에 시달리며 핍박을 받았고, 한국전쟁을 통해서 한민족이 둘로 나뉘는 아픔을 체험하셨다. 인민군에게 부역했다는 억지 아닌 억지로 우리 군에 의해서 죄 없는 사람들이 몰살당하는 민간 학살도 고스란히 지켜보셔야 했다. 옆 마을인 남원시 대강면 강석리에서 민간 학살이 자행되어서 큰아버지께서는 간신히 시체 속에서 목숨을 부지하셨지만, 또 다른 가까운 친척 삼촌께서는 돌아가셨다.

전쟁이 끝난 후에는 폐허 속에서 모진 가난을 견디며 나라를 재건하는 데 힘쓰셨다. 우리들의 부모님들이 겪어내야만 했던 혹독한 세월을 우리 세대는 결코 이해하지 못할 것이다. 자식들에게 가난을 물려주지 않으려고, 자식들을 가르치기 위해 몸을 돌보지 않고 일만 하셨던 우리들의 부모님들! 몸이 부서지도록 열심히 일하지 않으면 잘 살 수 없었고, 자식들 공부도 시킬 수 없었던 모진 세월을 사셨다. 앞으로 우리 역사상 이런 세대가 다시는 없어야 하고, 있어서도 안 된다.

학생들을 가르치며 글을 쓰는 나를 위해서 아버지께서는 신문을 읽으신 후에는 교육과 문학에 관한 페이지를 소파에 가지런히 놓아두셨다. 나에게 읽어보라고 말씀하지 않아도 소파에 놓인 신문을 보면 늘 기분이 좋았다. 우리 형제들은 어릴 때부터 아버지의 잔소리를 들은 적이 없다. 아버지께서는 말보다는 행동으로 자식을 가르치고, 스스로 깨닫게 하셨다. 아버지의 젊은 날의 자식 사랑은 노년에도 한결같았다. 간혹 반주가 곁들여진 식사 시간에는 정치와 문화뿐만 아니라 사소한 일상의 이야기도 자식들과 공유하셨다. 우리 가족에게 있어서 부모와 자식은 어려운 사이가 아니라 농담을 주고받을 정도로 편안한 관계였다.

어느 날 아버지와 함께 텔레비전으로 격투기를 시청하다가 일제 강점기와 한국전쟁을 겪으신 아버지의 이야기를 남기고 싶다는 말씀을 드렸다. 내 제안에 빙긋이 웃으시며 글은 무슨 글이냐고 단칼에 거절하셨다. "아버지, 학창 시절에 글 써서 상을 많이 받으셨잖아요, 생각을 더듬어서 어린 시절부터 기록해 보세요."라고 다시 말씀드렸다. 그러나 아버지께서는 묵묵부답이었다. 어떻게 하면 아버지의 마음을 움직일 수 있을까 고민하다가 마지막으로 다시 한번 말씀드렸다. "아버지처럼 일제 강점기와 한국전쟁을 겪은 분들이 이제 많이 남지 않았어요. 아버지께서 걸어온 날들을 정리해 보는 것도 뜻깊은 일이 될 거예요." 결국 아버지께서는 마지 못해 승낙하셨다. 아버지께서는 자식들이 보지 않을 때 틈틈이 지난 날을 회고하며 노트에 기록하셨다. 거실에 놓인 상이 눈에 띄면 아버지께서 글을 쓰셨다는 것을 나는 알 수 있었다.

그러나 코로나가 창궐하던 2021년 10월 중순부터 아버지께서는 갑자기 두통을 호소하셨다. 11월 초순에야 종합병원을 예약해서 MRI 촬영 후 일주일이 지나서 신경외과를 방문할 수 있었다. 신경외과 선생님께서는 MRI 상 뇌에는 별다른 이상이 없는데, 코에 염증이 있다고 하셨다. 이비인후과를 예약할 수 있도록 신경외과 선생님께 부탁을 드렸다. 당일 오후 시간에 이비인후과에서 정밀검사를 받아보니, 코가 막혀 있을 정도로 비중격과 양 볼에 심한 염증이 생겼다고 했다. 몇 번의 코로나 검사를 받을 때마다 콧속으로 면봉이 들어갔었는데, 갑자기 아버지의 콧속이 꽉 막혀 있었다니? 콧속이 막혀 있으니, 코로 숨을 쉬지 못하여 머리가 아팠던 것이었다. 감기 기운이 있을 때마다 동네 이비인후과에서 진료받으셨는데, 콧속의 염증을 의사가 발견하지 못하다니? 참으로 어이없는 일이었다. 일반인들은 하루만 입원해서 수술받으면 다음 날 곧장 퇴원할 수 있는 간단하고 흔한 질병이라고 했다. 그러나 아버지께서는 현재 기력이 많이 떨어진 상태라서 다른 과 의사들과 상의해서 콧속의 염증을 먼저 제거하는 것이 좋겠다고 했다. 콧속의 염증 제거 후에 경과를 봐서 양 볼에 퍼져 있는 염증도 제거하기로 했다.

병원에 입원한 후 콧속과 양 볼의 염증을 제거했는데, 도무지 열이 떨어지지 않았다. 아버지께서는 춥다고 하시는데, 몸은 열로 인해 펄펄 끓고 있었다. 병원에 입원해서 운명하시기까지 너무도 짧은 시간에 많은 일들이 갑작스럽게 일어났다. 편안하게 주무시면서 아들 곁에서 운명하셨지만, 너무 허망했다. 입원할 당시에는 곧 집으로 돌아갈 수 있으리라 생각했는데, 병원에서 "집에 가자" 아이처럼 내게 애원하던 아버지의 모습을 지금도 잊을 수 없어서 맘이 너무 아프다.

아버지를 보내드린 후, 이 회고록이 완성되기까지 오랜 시간이 걸렸다. 나의 게으름도 한몫했지만, 아버지의 흔적을 찾아서 기록하고, 아버지와 함께했던 생활을 들춰서 다시 기억해야 한다는 사실이 나를 참 힘들게 했다. 아버지의 외로움이 묻어난 짧은 일기를 음미하며 죄송해서 울었고, 조카들이 부모님에게 보낸 편지를 정리하며 가족의 소중함을 다시 한번 되새겼다. 아버지의 졸업증명서를 발급받기 위해서 대강초등학교 선생님과 통화를 했다. 내게 남원에 오면 대강초등학교에 꼭 들러 달라는 선생님이 순수하고 정겹기만 했다. 군번과 헌병(군사 경찰) 병역 기록을 알기 위해 육군본부 담당자와도 통화했다. 첫 연락 후 몇 달이 지났는데도 날 기억하며, 행정복지센터를 방문하는 수고를 덜어주신 육군본부 담당자께도 감사한 마음뿐이다.

아버지께서 기록으로 남기신 글은 본 회고록의 1부와 2부에 기재된 딸에게 쓴 편지와 직접 쓰신 아버지의 일기 및 서예 작품이 전부이다. 가능하면 아버지의 일기와 조카들의 편지는 문장이 매끄럽지 않아도 원문을 그대로 실었다. 3부와 4부는 서울로 상경한 후의 아버지의 삶과 생활을 내가 회고하며 쓴 글이다. 4부에서 "남양 방 씨의 뿌리를 찾아서" 편은 한자로 된 '남양 방 씨 대동보'를 번역하여 가계 혈통을 살펴보았다. '남양 방 씨 대동보'(사계공파)를 번역하면서 삼국 시대뿐만 아니라 고려 시대, 조선 시대 조상님들께서 남기신 업적과 발자취를 더듬어 볼 수 있는 소중한 시간이었다. 무엇보다도 족보 보는 법은 확실하게 터득했음을 고백한다.

아버지께서는 "세상을 너무 힘들게 살지 마라. 힘들 땐 아빠가 도와줄게"라는 말씀을 자주 하셨다. 그래서 자식들 일에 나서서 참견하지 않고, 모든 일을 스스로 해결할 수 있도록 믿고 맡기셨다. 뒤에 서서 묵묵히 지켜보시다, 자식들이 정작 힘들어할 때 말없이 손을 내밀어 잡아주셨다.

가난한 농부의 아들로 태어나 결혼 후에는 아내와 자식들 고생시키지 않기 위해서 서울로 상경하셨던 아버지! 가족을 위해서 건축 현장에서 인부들과 평생을 함께하며 고된 일을 하면서도 올곧은 심성으로 남 앞에서는 늘 당당하셨다. 자식들 교육과 가족의 더 나은 삶을 위해 불꽃 같은 삶을 사신 나의 아버지를 존경하며 이 회고록을 부모님 영전에 바친다. "당신이 나의 아버지셨기에 제 삶 또한 행복하고 떳떳했습니다. 아버지, 사랑합니다!"

차 례

머리글 | 방경원의 삶과 생애　　　03
작가의 말　　　09

제1부　일제 강점기와 전쟁을 겪으며 다시 출발

대강공립국민학교 시절에 만난 선생님　　　18
전쟁, 시간이 흘러도 지워지지 않는 상처　　　21
낯선 서울에서의 청년 시절　　　26
결혼과 늦은 군대 입대　　　29

제2부　소중해서 더 빛나는 사랑

2013년의 일기　　　36
2014년의 일기　　　79
딸에게 쓰는 편지　　　87
큰손녀의 편지　　　89
작은손녀의 편지　　　96
외손자의 편지　　　98
서예 작품　　　101

제3부 건축과 예술 사이

건축업자로서의 열정적인 삶 　　　　　　　　　　106

예술을 사랑한 자유로운 영혼 　　　　　　　　　113

세 여자 　　　　　　　　　　　　　　　　　　　124

센베이 과자와 귤 　　　　　　　　　　　　　　130

홀로 견뎌낸 시간 　　　　　　　　　　　　　　134

아버지의 샹그릴라 　　　　　　　　　　　　　138

굴비와 갈치 　　　　　　　　　　　　　　　　144

제4부 세월의 무게만큼 진한 그리움

유품을 정리하며 　　　　　　　　　　　　　　150

하늘로의 귀환 천도재薦度齊 　　　　　　　　　156

어쩌다 예술인 가족 　　　　　　　　　　　　　160

그리운 고향, 송내리 　　　　　　　　　　　　171

남양 방 씨의 뿌리를 찾아서 　　　　　　　　　179

아버님, 보고 싶습니다! 　　　　　　　　　　　198

제1부 _____ 일제 강점기와
전쟁을 겪으며
다시 출발

대강공립국민학교 시절에 만난 선생님

나는 1935년 을해년乙亥年 음력 8월 16일 전북특별자치도 남원시 대강면 송내리의 농촌에서 2남 1녀 중 차남으로 태어났다. 형제가 여럿이었지만 어릴 때 병으로 죽어서 삼 남매만 살아남게 되었다. 내가 태어난 시기가 일제 강점기여서 사람들이 힘들게 살아가고 있었다. 이 시기에는 돈이 없으면 공립국민학교에 입학할 수가 없었다. 몇 마지기 되지 않는 농사를 짓고 있던 우리 집도 다른 집들처럼 가난해서 나는 열 살이 되어서야 겨우 대강면에 있는 대강공립국민학교에 입학할 수 있었다.

내가 입학한 대강공립국민학교(현 대강초등학교)는 대강면에 있어서 십 리를 걸어가야 했다. 어린 내 걸음으로 족히 한 시간은 걸리는 거리였다. 비록 10살이라는 늦은 나이에 입학했지만, 학교에 다닐 수 있다는 사실에 난 뛸 듯이 기뻤다. 내가 입학한 대강공립국민학교는 1925년에 개교했으며, 일제 강점기 때라서 교장 선생님도 일본인이었다. 땅딸막한

키에 안경을 쓰고, 빼빼 마른 몸에 성격도 상당히 깐깐한 교장은 학교 내의 관사에서 살고 있었다. 1944년에 대강공립국민학교에 입학하고, 이듬해 2학년이던 1945년 8월 15일 드디어 꿈에 그리던 해방이 되었다. 해방되던 해에 나는 공부를 잘해서 2학년에서 3학년으로 월반을 하게 되었다. 1학년 때부터 줄곧 우등상을 탔었기 때문에 함께 학교에 다니던 친구들은 나를 무척 부러워했다. 월반해서 학년이 올라갔어도 한 학급에 60명의 인원에서 우등상 타는 것은 그리 어렵지 않았다.

대강공립국민학교 3학년 때부터 담임 선생님이셨던 김갑 선생님께서는 똑똑하다는 이유로 나를 많이 예뻐해 주셨다. 김갑 선생님은 같은 대강면 사람으로 그 당시에 전주북중학교(현 전주고등학교)를 졸업하신 분이셨다. 김갑 선생님께서는 학생들을 지도하는 방식이 다른 선생님들과는 남달랐다. 우리 학급의 학생 수 60명을 1조에서 7조로 조를 나누어서 성적순으로 학생들을 배치하셨다. 마치 현재의 우열반처럼 실력별로 조를 짜서 수업을 진행하셨다. 공부 잘하는 학생은 6명~7명으로 1조에 배치되었다. 내가 속해 있던 1조가 학급에서 우등상을 타는 학생들로 구성되어 있었다. 1950년 6.25 전쟁이 발발했을 때 옆 마을인 강석리에서 벌어진 민간인 학살 사건이 일어났다. 그때 김갑 선생님께서는 지식인이라는 이유로 강제로 끌려가서 희생당하셨다는 소식을 듣고 얼마나 가슴이 아팠는지 모른다. 여든이 넘은 지금도 해마다 5월 15일 스승의 날이 돌아오면 나를 아껴주셨던 김갑 선생님을 떠올리곤 한다.

1949년 대강공립국민학교를 졸업할 당시 내 나이는 열다섯 살이 되었다. 중학교에 입학해야 하는데 그 무렵 남원에는 남원공립농업중학교(현

용성고등학교)와 지금의 남원고등학교에 해당하는 남원중학교가 있었다. 그리고 공립국민학교를 졸업한 뒤 경제적인 여건이 어렵거나, 기타의 사정으로 중학교에 진학하지 못하는 학생들이 입학할 수 있는 고등공민학교가 남원향교에 있었다. 고심 끝에 나는 순창에 있는 순창공립농업학교(현 순창제일고등학교)에 응시해서 운이 좋게 입학하게 되었다. 그러나 열여섯 살이 되던 그 이듬해인 1950년에 6.25 전쟁이 터지고 말았다. 전쟁과 경제적인 이유로 어렵게 시험을 치고 들어간 순창공립농업학교를 중퇴할 수밖에 없었다. 순창공립농업학교를 중퇴하고 나서 어린 나이였지만, 집안일과 농사일을 병행해야 했다. 그러나 학교를 중퇴하고 나니 학교 외에는 배울 곳이 없다는 사실에 마음이 초조해지기 시작했다. 배워야 한다는 열망으로 여기저기 수소문을 해보니, 이웃 마을 강석리에 서당이 생겼다는 것을 알게 되었다. 그래서 농번기에는 농사일을 열심히 하고, 농한기인 겨울철과 봄철에는 이웃 마을에 가서 한학을 수학하게 되었다. 서당에서 3년간 한학을 수학한 덕분에 천자문 등 기초적인 한자뿐만 아니라, 사자소학과 명심보감도 거뜬히 읽을 수 있는 실력을 갖추게 되었다. 농사일과 공부를 하면서 바쁘게 살다 보니 어느덧 내 나이도 열아홉 살이 되었다.

전쟁, 시간이 흘러도 지워지지 않는 상처

　1950년, 내 나이 열여섯 살에 6.25 전쟁이 일어났다. 송내리에서 임실군의 회문산까지 불과 오십 리, 그리고 지리산까지는 백오십 리 길로 그리 멀지 않았다. 그래서 그 당시에 조선인민유격대인 빨치산(무장 공비)이라는 이북 좌파 집단이 생겨나기 시작했다. 빨치산은 조선민주주의인민공화국 건국 때부터 형성된 정치 파벌이었다. 1950년 8월에 무장 공비 토벌 목적으로 전북 야영훈련소가 남원에 창설되었다. 11사단의 사단본부가 남원에 꾸려지면서 대대적인 무장 공비 소탕 작전이 벌어졌고, 이후 훈련소가 폭격을 맞으면서 순창군으로 옮겨졌다. 남원지역은 미군에 의해 수복되었으나 그 당시에 미처 경찰조직이 정비되어 있지 않았다. 그래서 1950년 수복된 이후에 경찰에 의해서 부역 (국가에 반역이 되는 일에 동조하거나 가담하는 일) 사건은 확인되지 않았다. 주민들의 피해가 본격적으로 드러난 것은 국군 11사단이 호남지역의 무장 공비 토벌을 시작하면서부터였다. 1950년 11월 남원지역에 11사단이 배치되면서 대강면 강석리, 주천면 고기리와 덕치리, 산내면 백일리 주민들이 대규모로 희생되는 사태가 벌어졌다. 위 지역에서만 정확하게 확인된 희생자가 무려 150명에 달했다.

1950년 11월 17일 송내리 옆 마을인 강석리에서는 주민 90여 명이 4개의 장소에서 집단 살해되었다. 17일 새벽에 남원에 주둔해 있던 11사단 9연대 205부대 군인 500여 명 (1기 대대 병력)이 그럭재(기러기재)를 넘어서 무장 공비 토벌 작전을 감행해 무차별 총격을 가하면서 강석리를 점령했다. 군인들은 주민들을 마을 앞 어귀의 논바닥에 집합시켰다. 통비분자(무장 공비와 내통한 사람)를 색출한다는 명목으로 주민들을 분류해서 잡아간 90여 명을 일본도와 소총으로 무참하게 살해했다. 이 중 70여 명은 총살했으며, 19명은 한 명씩 끌고 가서 일본도로 목을 내리치는 참극을 벌였다. 희생자 중에는 50세~60세 된 노약자가 19명이나 포함되어 있었으며, 주민들이 살던 집은 모두 소각해 버렸다.

빨치산들은 낮에는 내가 살던 송내리 뒷산에 숨어 있다가 밤이 되면 마을로 내려와서 가축과 음식물을 약탈해 가곤 했다. 우리 마을이 회문산과 지리산이 가까워서 이북 사람인 빨치산들이 주둔하고 있었다. 빨치산이 마을에 있는 동안 부잣집의 소를 여러 마리 잡아먹었다. 11사단 지리산 토벌대가 우리 마을에 온다는 정보를 어떻게 입수했는지, 강석리 민간인 학살 사건이 일어나기 전날 빨치산들은 우리 마을을 떠나 강석리로 이동했다. 빨치산은 주로 밤에 움직였으므로 마을 주민들은 빨치산이 우리 마을을 빠져나간 것을 전혀 알지 못했다.

빨치산이 떠난 다음 날 오전 10시쯤 11사단 군인들 세 명이 우리 집으로 갑자기 들이닥쳤다. 마침 3일 전에 할머니께서 돌아가셔서 출상한 직후였다. 출상할 때 꽃으로 상여를 만들어서 그 속에 관을 넣고 상여 앞에서 혼백 상자(혼백을 담는 상자; 임시 신위)를 모시고 장지에 갔다 왔었다. 할머니의 장례를 치른 후에 영우(탈상 때까지 돌아가신 분의 혼령을 모시는 방)를 손 보고 있었다. 부모님과 상의해서 영우를 별도로 짓지 않고, 외양간 옆에 있는 행랑채를 사용하기로 했다. 탈상 때까지 아침, 점심, 저녁으로 식사를 올릴 탁자를 준비하고 혼자서 백지(흰 종이)를 사다가 벽을 도배하고 있었다. 그런데 갑자기 들이닥친 군인들이 뭐하냐고 물어보았다. 할머니께서 3일 전에 돌아가셔서 영우를 도배하고 있다고 말했다. 그런데 군인들이 너무 무섭게 쏘아봐서 탁자 위에 있는 혼백 상자를 가리키며 "혼백 상자 안 보이세요?"라며 당차게 되물었다. 그러나 마음속으로는 무섭고 두려워서 사시나무 떨듯 심하게 떨고 있었다. 내 대답을 들은 군인들은 도배하는 나를 한동안 노려보았다. 그러더니 외양간 입구에 쟁여놓은 짚 더미에 불을 지르고 문밖으로 일제히 나가버렸다. 그리고 잠시 후에 돌아와서는 불을 끄고 다시 밖으로 나가버렸다. 내 나이 열여섯 살, 아직 어리다 보니 그들은 나를 잡아가지 않았다. 군인들은 세 명이 조를 이루어 마을을 샅샅이 뒤지고 돌아다니는 듯했다.

군인들이 돌아간 지 한 시간쯤 지났을까? 하얀 무명옷을 입은 형님이 피투성이가 되어서 허겁지겁 집 안으로 뛰어 들어왔다. 피투성이가 된 형님의 모습에 깜짝 놀라 무슨 일이냐고 이유를 물었다. 그러나 형님은 이유는 말하지 않고 넋이 반쯤 나간 듯 허둥대며 큰일이 났다고 했다.

작은 집 형이랑 다 죽었다고 소리쳤다. 그리고 나의 담임 선생님이셨던 김갑 선생님께서도 배에 관통상을 당해서 피가 나오지 않도록 형님의 옷을 찢어서 처치해 드렸는데 생사를 모르겠다고 하셨다. 형님께서는 작은 집 경수 형과 우리 마을 청년들이 다섯 명이나 죽었다고 했다. 형님은 몸을 벌벌 떨면서 연장을 갖고 시체가 있는 곳으로 빨리 가보라며 위치를 자세히 알려 주었다. 형님이 알려 준 장소로 가보니 우리 마을 사람 다섯 명이 소총으로 발사한 총탄을 맞고 죽어 있었다.

빨치산들에게 협조했다는 이유로 송내리 청년들을 강석리로 끌고 가서 사살한 것이다. 송내리 윗마을에 사는 친구의 두 형인 경구 형과 인구 형도 끌려가 죽임을 당했다. 그리고 우리 집안의 군촌 당숙의 아들인 스무 살 경수형도 11사단 군인들에 의해서 무차별 학살을 당하고 말았다. 우리 마을에도 좌익 사상을 지닌 사람이 몇 명 있었는데, 그들은 마을 뒷산으로 피신해서 겨우 목숨을 구했다.

나는 아버지, 군촌 당숙, 작은 내동 당숙과 함께 울면서 경수 형을 묻어주었다. 죄도 없이 우리 군인에 의해서 무참하게 학살당한 형의 모습에 애통함과 비참함은 차마 말로 다 표현할 수가 없었다. 우리 마을 청년 중에서도 형제가 죽었고, 이웃 마을인 강석리에서도 형제들이 죽은 경우가 많았다. 윗마을 사는 친구의 형님들 두 분도 무고하게 총살당했다. 생때같은 자식 둘을 어이없이 떠나보낸 친구 부모님께서는 남은 생을 힘들게 사셨다. 슬픔에 젖어 남의 집을 전전하다 결국 쓸쓸하게 생을 마감하고 말았다. 열아홉 살인 형님도 끌려갔는데, 총을 맞기 직전에 일부러 쓰러져 입과 옷에 피를 묻혀서 죽은 사람처럼 위장해서 목숨을 구할 수 있었다고 한다. 90명 중 유일하게 살아남은 한 사람이 바로 형님이셨던 것 같다. 그러나 형님은 처참한 광경을 보면서 시체 속에서 겨우 살아남아서 그 충격으로 간질(뇌전증)에 걸렸다. 형님은 허약한 몸으로 평생을 고생하며 그야말로 파란만장한 삶을 사셨다. 결국 국군들이 민간인 학살을 주도했던 전쟁의 참상을 직접 겪고 나니, 객지로 나갈 생각은 엄두도 내지 못했다. 그래서 성인이 될 때까지 집에서 부모님의 농사일을 돕겠노라 생각하면서 하루하루를 보내며 지냈다.

낯선 서울에서의 청년 시절

　농번기에는 농사일에 매진하고 농한기에는 서당에서 3년간 한문을 수학하다 보니, 어느덧 내 나이 열아홉 살이 되었다. 6.25 전쟁 때 형님이 참혹하게 겪은 일로 인해서, 군에 입대하는 것을 미루고 서울로 올라가서 일자리를 찾아보기로 했다.

　윗마을에 사는 서동 댁 아들이면서 같은 동갑내기 친구인 정구가 2년 전에 서울로 올라가 남대문시장에서 영업집에 막걸리를 배달하고 있었다. 그 친구의 말에 의하면 자전거 타는 것을 배워서 배달 하니, 소득이 꽤 괜찮다고 했다. 그 말이 생각나서 나는 겁도 없이 남원역에서 무조건 서울행 열차를 탔다. 서울에 도착하니 딱히 머무를 곳이 없어서 주류 배달하는 친구 정구에게 부탁해서 당분간 숙식을 해결하는 신세를 지게 되었다. 매일 놀 수는 없는 형편이라 친구와 무엇을 할까, 고민하던 끝에 리어커 하나를 빌려서 참외 장사를 하는 것이 좋을 것 같다는 결론을 내렸다. 시골에서 농사를 짓던 사람이 갑자기 장사하려 하니 어려움이 많았다. 남대문시장 주변과 양동(현 중구 회현동, 남창동, 봉래동 등) 일대를 다니며 참외 장사를 했다. 그런데 참외를 팔지 못하면 재고가 많이 남아서 처치하기가 무척 곤란했다. 과일은 신선함이 생명인데 재고가 생기면 신선도가 떨어져서 파는 데 많은 지장이 생겼다. 그 당시 판자촌인 양동에는 고향 송내리 사람들이 많이 살고 있었다. 양동에서 박종주 씨뿐만 아니라 나에게 많은 도움을 아끼지 않았던 박경래 형님도 우연히 만나게 되었다. 경래 형님은 그 당시 필동에 있는 헌병본부에서 근무하고 있었는데, 순찰 도중에 우연히 장사하던 나를 만나게 되었다. 객지에서 고생하고 있는데, 이웃 마을 (상대 마을) 형님을 만나니까 눈물이 날 정도로 무척 반가웠다. 첫 만남 이후로 형님이 순찰 나올 때마다 만나게 되었고, 형님은 간혹 점심을 사주셨다. 나보다 아홉 살 연상인 경래 형님은 헌병 제대 후에는 남원 조사 시장 앞에서 사람이 죽으면 관을 넣어 옮기는 상여喪輿를 만들어 팔았다.

장사하면서 지내는 서울 생활이 힘들다 보니, 할 수 없이 윗마을 형굴 형님 아들인 친척 극룡이를 찾아가게 되었다. 극룡이의 나이는 나보다 두 살 위지만 촌수가 낮아서 나를 아제라고 부르는 친척이었다. 우리 집안의 선산을 팔아서 홍익대학교를 다녔다. 홍익대학교 국문과를 졸업한 후에는 박목월 시인 밑에서 심부름도 하고, 조선일보사에서 외간부 부장으로 근무하고 있었다. 찾아갈까, 말까를 고민하던 끝에 용기를 내어 물어물어 조선일보사 외간부外刊部(인쇄부)를 찾아갔다. 식생활이라도 해결해 볼 요량으로 서울에 올라온 이유와 힘든 형편을 이야기하면서,

혹시 마땅한 직장이 있으면 소개 좀 해달라는 말을 어렵게 꺼냈다. 어렵게 부탁했음에도 별다른 대답을 듣지 못한 나는 자존심이 상했지만, 그후로도 사종 조카 벌 되는 극룡이를 두어 번 찾아갔다. 찾아간 끝에 마지막에 들은 말은 남에게 부탁하기 힘들다는 것이었다. 자신이 다른 사람에게 부탁하려면, 아제의 학벌이 좋아야 하는데, 그렇지 못해서 마땅한 자리가 없노라고 단호히 거절했다. 알아보지도 않고 학벌을 운운하며 거절부터 해서 무척 자존심이 상했다. 그래서 직장을 알아봐달라는 것은 단념하기로 했다. 서울에서의 의식주가 해결되어야 하는데, 그 방법을 찾을 수가 없어서 참으로 난감했다. 그리고 군대 입대를 미루고 있는 형편이라서 걱정이 더 많았다.

그 당시 형님께서는 대강면 면사무소 호적계에서 임시직 조수로 근무하고 계셨다. 면사무소 임시직 근무 후에는 마을에서 참사(행정상 이장 대리 역할)를 보고 계셨다. 내가 서울에서 수입도 없이 힘들게 생활하고 있다는 소식을 들은 형님으로부터 한 통의 편지가 날아 왔다. 전쟁 때문에 한 명 있는 동생을 군대에 보내고 싶지 않았는데, 서울에서 사는 것이 어렵다고 하니 서울 생활 다 접고 고향으로 내려오라는 내용이었다. 군대 입대를 미룬 것을 자수하고, 나라에서 부르면 군대에 가는 방법밖에 없으니 귀향하라는 내용이었다. 그래서 나는 형님의 말씀대로 고향으로 내려가서 다시 농사를 지으면서 군대 입대를 기다렸다.

결혼과 늦은 군대 입대

고향에 내려온 다음 해 겨울이 되자 아버지와 어머니께서는 너도 이제 나이가 스물한 살이 되었으니, 군대 가기 전에 결혼을 먼저 하라고 말씀하셨다. 간단하게 결혼 준비를 할 테니까, 결혼할 생각을 해보라고 강력하게 권하셨다. 부모님 뜻이 그러하니 반대는 못 하겠고, 열아홉 살에 조혼하신 형님 내외분께 의논을 드렸다. 두 분께서는 일찍 결혼해서 살아보니까 힘든 점이 많아 후회된다며, 이른 결혼을 만류하셨다. 형님께서 동생이 잘 생각해서 결정하라고 하니, 한편으로는 결혼하는 것이 무척 걱정스러웠다. 그러나 부모님께서는 자신들의 계획대로 나를 결혼시키려고 노력하고 계셨다.

부모님께서 내 결혼을 추진하고 계시던 중에 전남 곡성군 입면 제월리 군촌부락이 처가인, 작은집 군촌 당숙께서 처남 되시는 분과 함께 우리 집으로 찾아오셨다. 제월리 군촌부락은 청송 심 씨 집성촌이었다.

군촌 당숙께서는 청송 심 씨가 양반 집안이고 마침 참한 규수가 한 명 있으니, 정혼을 한 후 결혼을 시키라고 아버지께 말씀하셨다. 그 당시에는 양반 집 자손들은 서로 얼굴도 못 보고 결혼을 해야만 했다. 그래도 마음 한구석에는 신부 될 사람을 한 번쯤 봤으면 했는데, 양가에서 허락하지 않으니 미리 얼굴을 볼 수가 없었다. 신부의 얼굴을 볼 수가 없으니, 고민 끝에 윗마을에 사는 사종 형수님께 의논을 드리기로 했다. 심심하면 사종 형님 댁에 자주 놀러 갔던 터라 형수님께 부모님의 결혼 권고를 거절할 수 없는 곤란한 처지를 말씀드렸다. 십 리가 좀 넘는 군촌 부락에 신부 될 사람이 살고 있으니, 힘들더라도 한 번 찾아가서 관선을 봐주십사 부탁을 드렸다. 내 부탁을 들은 형수님께서는 며칠 후에 군촌 부락을 다녀오겠노라고 대답하셨다. 며칠 후에 형수님께서는 내 부탁대로 관선을 보고 오셨다. 관선을 보고 오신 형수님께서는 집은 그리 넓지 않지만, 소도 기르고 머슴들도 여럿 있어서 사는 형편은 좋아 보인다고 하셨다. 그리고 신부 될 규수도 참하고 인물도 좋아서 결혼해도 괜찮을 것 같다는 말씀을 해주셨다.

군대 입대를 기다리고 있는 처지에 부모님께서 결혼을 강권하시다 보니, 여러모로 곤란했다. 사종 형수님께서 신부 관선을 보고 오신 며칠 후에 아버지께서는 나를 부르셨다. 처가 되는 집이 사는 형편도 괜찮고 규수의 성품도 좋다고 하니, 정혼하자고 하셨다. 나는 부모님의 분부라 거절도 못 하고 정혼하기로 했다. 좋은 날을 따지다 보니, 아버지 생신날인 1956년 1월1일 (1955년 음력 11월19일)에 부모님 뜻대로 나는 정혼을 하게 되었다.

그 당시 정혼을 하게 되면 다정한 친구 열 명 이상을 "우인"이라는 이름으로 처가로 데리고 가는 풍습이 있었다. 그래서 처가가 될 군촌부락으로 우인들을 동행해도 되는지 연락했다. 정혼하는 날 별다른 준비도 없이 형님께서 상각(=상객; 혼인 때 신부나 신랑을 데리고 가는 사람)으로 따라가고, 우인들을 데리고 처가로 갔다. 식을 무사히 마치고 3일 만에 집으로 돌아가려고 하는데, 일주일간 처가에 머물러야 한다고 했다. 그 당시 혼례를 올린 후에는 인제앙이라는 풍습에 따라서 신랑은 처가에서 일주일간 머물러야 했다. 일주일간 처가에 머물면서 돼지 한 마리를 잡아서 신랑의 친구들과 마을 어른들을 모두 불러서 음식을 대접하는 동상례東床禮를 치러야 했다. 정혼한 아내는 1년간 친정에서 살다가 시집으로 오는 것이 관례라서 혼례를 올린 지 일주일이 지나서 나 혼자 집으로 돌아오게 되었다. 군대도 가지 않은 상황에서 어렵게 혼례를 올렸는데, 부인과 둘이 아닌 나 혼자 1년간 떨어져서 살아야 했다. 양반들의 혼례 문화가 그런지라 그 당시에는 어쩔 수 없는 일이었다.

혼례를 올린 후 1년간 처가를 왕래하다가, 자수해서 군대에 입대하기로 했다. 그래서 논산 훈련소 주보 장으로 계시는 작은 외숙(외삼촌)께 군에 입대한다는 소식을 전했다. 그러자 외숙께서는 군에 입대하게 되면 어떤 병과를 희망하냐고 나에게 물었다. 육군 수사 계통으로 지원할 것인지, 아니면 육군 경찰로 지원할 것인지, 둘 중 하나를 선택하라고 하셨다. 그래서 나는 헌병(군사 경찰)으로 보직을 정하고 싶다는 연락을 드렸다.

논산 훈련소로 가려면 남원읍까지 가야 하는데 고향 동네의 도로는 확장이 되지 않은 시절이라서 버스가 들어오지 않았다. 그래서 나는 대강면까지 걸어가서, 내가 다녔던 대강공립국민학교(현 대강초등학교) 앞을 지나 두레기를 거쳐 약 8Km를 다시 걸어 남원읍까지 가야 했다. 그렇지 않으면 두레기 모퉁이에서 약 6Km를 걸어 금지면에서 버스를 타고 남원읍으로 가야 했다. 그 시절에는 교통이 불편해서 군에 입대하기도 어려웠다. 그런데 대강공립국민학교를 지나서 두레기로 가기 위해 석촌리 (독사리) 쪽으로 걸어가고 있는데, 놀랍게도 아내를 만났다. 혼례를 올린 후 1년간 제월리 친정집에서 살다가 마침 우리 집으로 오던 중이었다. 불행하게도 내가 군대에 입대하는 날이 시집으로 오는 날이 되었다. 아내는 처가에서 귀한 첫째 딸로 자란 덕에 집안일을 제대로 해보지 않았다. 그런데 신랑도 없는 시집에서 해야 할 시집살이가 얼마나 힘들고 고생스러울지 보지 않아도 불 보듯 뻔했다. 바람이 귀 끝을 에일 정도로 추운 겨울에 길에서 마주한 아내와 말 한마디 제대로 나누지 못한 채 나는 군대에 입대하게 되었다.

아내와의 섭섭한 만남을 뒤로 하고 논산 훈련소에 도착했는데, 운이 없게도 훈련 부대가 창설된 지 얼마 되지 않은 30연대에 입소하게 되었다. 훈련소에 입소해서 신병 훈련을 2개월간 받게 되었는데, 창설 부대라서 구보를 할 때 진흙탕 속에서 고생을 많이 했다. 훈련 기간 중에 일요일에는 면회가 허락되었다. 남원 집에서 형님께서 한 번, 작은 외숙께서 네 번 면회를 오셔서 나는 2개월 동안에 무려 다섯 번이나 면회장에 나갔다. 면회장에 나가는 날에는 훈련도 받지 않고 쉬는 날이나 마찬가지여서, 나는 다른 훈련병들보다 훈련소에서의 고생을 조금 덜 수 있었다. 논산 훈련소에서 2개월 동안 순조롭게 훈련을 마치고, 작은 외숙과 미리 결정한 헌병대로 전출되어 헌병 학교에 입소하게 되었다. 헌병 학교에 입소할 때도 날씨는 무척 추웠다. 육군 헌병 학교의 교육 기간도 만 2개월이었다. 추위에 떨며 헌병학교에 입소해 보니, 대구에 있던 학교가 영천으로 옮겨진 직후라서 진흙 속에서 구보 훈련을 받아야 했다. 창설 학교에서 훈련받는 고통은 말로 표현할 수 없을 정도로 힘들었다. 헌병 학교의 규칙이 3보 이상이 구보라서 걸어 다닐 때도, 화장실에 갈 때도, 식사하러 갈 때도, 식사하고 올 때도 무조건 구보만 해야 했다.

헌병 학교를 마치고 현재 경기도 포천시 이동면을 근거지로 하는 대한민국 육군 지상 작전 사령부 소속 군단인 5군단에서 헌병(군사 경찰)으로 복무하게 되었다. 1953년 10월 1일 창설된 5군단은 1954년 12월 2일 제1야전군 예하로 편입되었다. 6.25 사변 당시에 치열한 전투가 벌어졌던, 포천시 신북면과 영북면 경계에 있는 만세교에서 보초를 서던 시절이 가장 오랫동안 기억에 남는다. 훈련받느라 힘들었던 그 시절에 헌병대에서 함께 동고동락했던 동료들이 시간이 흐를수록 보고 싶다. 멋진 제복을 입고 열정을 불살랐던 헌병대 시절엔 불가능이란 없었다. 무엇이든 가능해서 아름답던 그 시절로 다시 한번 되돌아갈 수 있다면 얼마나 좋을까!

제2부 ─────────── 소중해서 더 빛나는 사랑

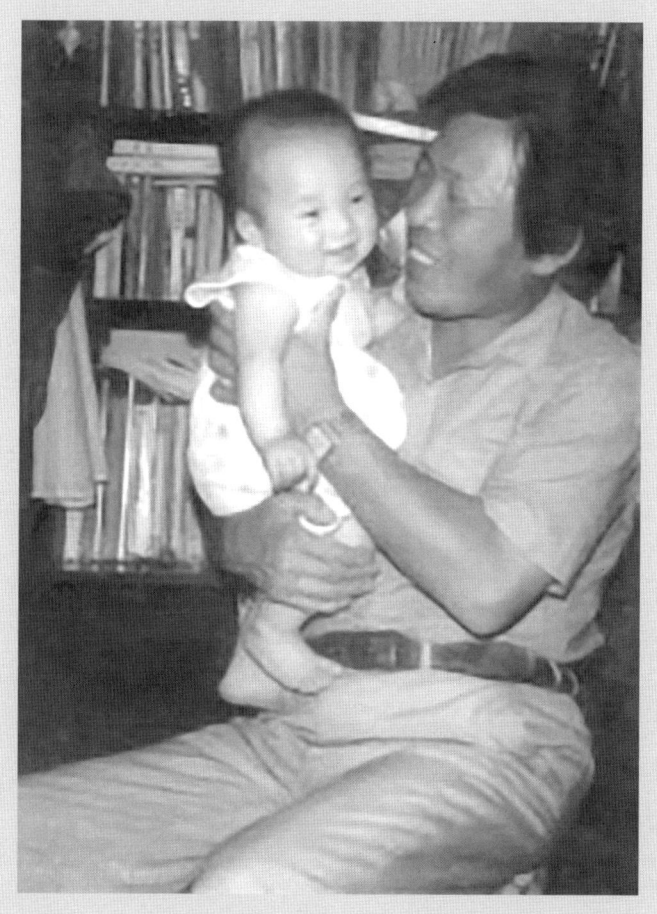

2013년의 일기

2013년 4월

2013년 4월 14일 일요일

전주에 사는 막내 생질(누이동생의 아들)의 결혼식에 참석했다.

2013년 4월 15일 월요일

모처럼 고향을 찾으니 반가웠다.
그러나 절친한 친구가 별세해서 매우 슬펐다.
형수님께서 지금 쓰는 일기장을 내게 주셨다.

2013년 4월 16일 화요일

고향에서 서울을 거쳐 나의 생활지로 돌아왔다.

2013년 4월 17일 수요일

시골에 다녀온 후유증으로 몹시 피곤한 하루였다.
그래도 헬스장에는 다녀왔으며, 그 이후에는 집에서 쉬었다.

2013년 4월 18일 목요일

경로당에서 '이동갈비'로 가서 점심을 먹고 왔다.

2013년 4월 19일 금요일

오늘은 헬스장을 다녀온 후에 집에서 소일했다.

2013년 4월 20일 토요일

오늘은 헬스장 다니는 마지막 날이다.
카드를 반납하고 헬스장에서 운동했다.

2013년 4월 21일 일요일

바람을 쐰 후에 경로당에서 점심 식사 시간을 가졌다.
오늘이 종친회 '시조 벽상공 신공 향사' 날인데 불참했다.

2013년 4월 22일 월요일

경로당에서 점심 식사 후에 산책하고 집에서 쉬었다.

2013년 4월 23일 화요일

고양시의 '중국 식당협회'에서 경로당 사람들에게 짜장면을 대접한다고 해서 짜장면을 먹고 집으로 돌아왔다.

2013년 4월 24일 수요일
밖에서 산책하고 집으로 돌아오는 길에 봉투와 서예 도구를 샀다.

2013년 4월 25일 목요일
오늘은 오전 중 산책을 하고 복지 TV에서 방송하는 '전국 나눔 노래자랑'을 시청했다.

2013년 4월 26일 금요일
아파트 근처를 산책한 후에 TV를 시청하며 하루를 소일했다.

2013년 4월 27일 토요일
외출 후에 11층에 사는 강 회장을 만나서 50,000원을 빌려주었다.

2013년 4월 28일 일요일
일요일이어서 집에서 TV와 함께 지냈다.

2013년 4월 29일 월요일
이발을 한 후에 농협에서 생활비를 150,000원을 찾아왔다.

2013년 4월 30일 화요일
목감기로 인해 병원에 가서 치료받은 후, 3일 분의 약을 지어왔다.

2013년 5월

2013년 5월 1일 수요일

오늘은 근로자의 날이어서 KBS에서 '근로자의 날 노래자랑'을 방송했다. 노래자랑을 시청한 후에 아들이 사 온 안주에 술 한잔을 함께했다.

2013년 5월 2일 목요일

오늘은 가림이 아비가 중국으로 출국하는 날이다.
잘 다녀오길 바란다.

2013년 5월 4일 토요일

오늘은 서울에 사는 박종성 씨를 연신내역에서 만났다.
점심 식사하면서 간단하게 소주 한잔을 마셨다.

2013년 5월 5일 일요일

오늘은 어린이날이어서 곱게 자라고 있는 중학교 1학년 방가림과 방수빈 손녀 두 명과 며느리가 와서 함께 저녁 식사를 했다.

중학생인 가림에게는 공부도 잘하고 공책을 사라고 20,000원을, 초등학교 1학년인 수빈에게는 10,000원을 주었다.

2013년 5월 6일 월요일

밖에서 바람을 쐬고 집에 돌아와 보니, 향우회로부터 뚝섬 유원지에서 모임이 있다는 연락이 와 있었다.

2013년 5월 7일 화요일

　오늘은 강 회장님을 만나 경로당으로 가자고 해서 회원들과 함께 점심 식사했다.
　식사 후에는 아파트 주변을 산책하며 바람을 쐬면서 하루를 보냈다.

2013년 5월 8일 수요일

　오늘은 어버이날이라고 "아빠, 시원하게 잘 보내세요."라며 부산에 사는 큰딸이 봄에 입는 잠바를 하나 사 보냈다.
　"아버님, 용돈을 소액이나마 보냈어요." 하고 사위에게서도 전화가 왔다.
　어버이날을 잘 보낸 편이다.
　사위가 고맙다.

2013년 5월 9일 목요일

　오늘은 경로당에 갔더니 1동 통장이 쑥절편을 가져와서 맛있게 잘 먹었다.
　부산에 있는 큰사위에게서 안부 전화가 왔는데, 용돈을 보냈다는 소식을 듣고 기분 좋은 하루를 보냈다.

2013년 5월 10일 금요일

　오늘은 1단지 경로당으로부터 고양동 '벽제갈비' 식권을 받아서 갈비탕에다 술 한잔을 잘 마셨다.

식사 후 경로당에서 2시간 동안 화투 놀이를 했다.
집에 귀가해서 가림과 수빈이를 기다렸지만 끝내 오지 않았다.
막내가 어버이날 용돈이라며 250,000원을 계좌로 보내줘서 은행에 가서 찾았다.

2013년 5월 11일 토요일

오늘은 토요일이라서 '가림과 수빈이가 행여나 올까?'
내내 기다려졌다.
5월은 효행의 달이라서 그런지 아무도 없는 고향 생각이 많이 난다.
고향에 가야 반갑게 맞아줄 사람도 없는데, 고향 생각은 항상 난다.
고향이 늘 그립다.

2013년 5월 12일 일요일

오늘은 향우회가 있는 날이다.
서울 뚝섬유원지에서 고향의 젊은 동생들을 만났다.
고향 친구와 동생들과 술 한잔 마시며 회포를 푸니 기분이 좋았다.

2013년 5월 13일 월요일

오늘은 월요일이라서 경로당에서 식사하는 날이다.
김영하 아주머니께서 소주 한 병을 가져오라고 하셨다.
그래서 술 한 병 갖고 가서 식사와 술을 즐겼다.

2013년 5월 14일 화요일

　오늘은 몸이 좋지 않아서 병원에 갔다.

　병원에서 진찰하니 대수롭지 않다고 해서, 처방전을 받아서 약국으로 향했다.

　약을 먹은 다음, 밖으로 나가서 바람을 좀 쐰 후에 집에서 하루를 보냈다.

2013년 5월 15일 수요일

　오늘은 스승의 날이다.

　옛날 대강공립국민학교 시절에 4년간 담임을 맡으셨던 김갑 선생님이 생각난다.

　6.25 사변 당시에 우리 마을은 빨치산으로부터 피해를 많이 입었다.

　선생님께서도 전쟁 때 빨치산 토벌 작전 명목하에 무고하게 학살당해서 세상을 뜨고 말았다.

　돌아가신 지 어언 60년이 지났어도 스승의 날이면 김갑 선생님이 많이 보고 싶다.

　밖에 나가서 산책한 후에 2시에 복지 TV에서 '전국 나눔 노래자랑'을 시청하며 하루를 보냈다.

2013년 5월 16일 목요일

　오늘은 맑은 날씨인데 초여름처럼 덥다.

　경로당에서 오리고기를 먹는 날이라고 해서 건너편의 군인회관으로 이동했다.

오리고기에 소주 한잔씩 나눠 마신 후 경로당에서 동료들과 함께 화투 놀이를 했다.

2013년 5월 17일 금요일

오늘은 석가 탄신일이다.
집사람과 아이들은 보광사에 다녀왔다.
절에 가서 기도도 하고, 식구 모두 시주도 하고 온 것 같다.

2013년 5월 18일 토요일

이마트 근처에서 산책하다 경로당에 들러서 놀다가 집으로 돌아왔다.
텔레비전을 보고 있는데, 며느리와 손녀 가림과 수빈이가 왔다.
며느리가 오리고기를 사 와서 술과 함께 참 잘 먹었다.

2013년 5월 19일 일요일

집에서 텔레비전을 보다가 아파트 주변을 산책했다.
산책 후에 갈 곳도 마땅치 않아 남은 시간을 집에서 보냈다.

2013년 5월 20일 월요일

아파트 주변을 산책한 후에 경로당에 들렀다.
회장님과 두 명의 정 씨와 함께 점심 식사하고 집에 돌아와서 소일했다.

2013년 5월 21일 화요일

아파트 주변을 산책한 후에 집으로 오다가 경로당에 들러 정 씨를 만났다.

그래서 경로당에서 잠시 함께 놀다 점심 식사한 후에 집으로 돌아와서 소일했다.

2013년 5월 22일 수요일

오늘은 경로당에서 식사하는 날이 아니어서, 밖에 나가 산책을 한 후에 집에서 소일했다.

사랑하는 두 손녀 가림과 수빈이가 소풍을 갔다는데, 할아버지가 어려운지 소풍 간다고 말하지 않아서 용돈을 못 줘서 매우 안타깝구나!

2013년 5월 23일 목요일

오늘은 경로당에서 중국 음식 먹는 날이었다.

점심을 먹고 나서 동료들과 함께 화투 놀이를 하며 한나절을 즐겁게 잘 보냈다.

2013년 5월 24일 금요일

아침에 일어나 보니 갈 곳이 마땅치 않아서 밖에 나가서 산책했다.
아파트 주변을 돌고 집에 돌아와서 TV를 시청하며 한나절을 보냈다.
무의미하게 하루를 보낸 것 같다.

2013년 5월 25일 토요일

오늘은 하늘은 맑았지만 28도의 더운 날씨였다.
밖에 나가서 산책하고 집에서 소일했다.

2013년 5월 26일 일요일

갈 곳도 마땅치 않아서 밖에 나가 바람을 쐰 후에 '전국 노래자랑'을 즐기면서 하루를 보냈다.

2013년 5월 27일 월요일

오늘은 한 주가 시작되는 월요일이다.
아침부터 날씨는 흐리고, 이슬비가 내리기 시작했다.
서울에 사는 재종 처남(아내의 육촌 남동생)과 종로에서 만나기로 했다.
그러나 비가 와서 날씨 좋은 날 다시 만나기로 했다.

2013년 5월 28일 화요일

오늘은 흐린 후에 비가 왔다.
오전에 집에 있다가 담배를 사러 밖으로 나갔다.
경로당 앞을 지나는데, 점심 식사 시간이 다 되었다고 했다.
그래서 점심 식사를 먼저 하고 가게에서 담배 4갑을 사서 집으로 돌아왔다.

2013년 5월 29일 수요일

오늘은 날씨도 흐리고 이슬비가 내리는 날이다.
잠시 비가 갠 틈을 이용해서 산책한 후에 경로당에 들렀다.
경로당에 가보니 회장님이 손님 한 분과 계셨다.
잠시 앉아서 대화하다가, 회장님께 나와 아내의 5월 회비 만 원을 내고 집으로 돌아와 시간을 보냈다.

2013년 5월 30일 목요일

　오늘은 경로당에서 아파트 길가 청소를 하는 목요일이다.
　동료들과 함께 청소하고 점심 식사 후에 대화를 나누었다.
　집에 돌아와서 TV로 '전국 나눔 노래자랑 결승전'을 보면서 하루를 보냈다.

2013년 5월 31일 금요일

　오늘은 5월의 마지막 날이다.
　할 일이 별로 없어서 아파트 주변을 한 바퀴 돌다가, 뒤에 있는 놀이터에서 팔운동을 했다.
　그냥 별일 없이 집에서 하루를 지낸 것 같다.

2013년 6월

2013년 6월 1일 토요일

　오늘은 유월이 시작되는 날이다.
　중국에서 돌아온 아들이 광어회를 사서 집으로 왔다.
　아들의 친구인 학규도 함께 와서 술 한잔을 잘 마셨다.

2013년 6월 2일 일요일

　오늘은 일요일이라서 갈 곳도 마땅치 않아서 '전국 노래자랑'을 시청했다.

텔레비전을 보면서 하루를 보냈다.

2013년 6월 3일 월요일

오늘은 75세 이상 노인들은 보건소에서 '폐렴 예방 접종'을 하는 날이다.

그래서 안식구와 함께 아들 차를 타고 폐렴 예방 접종을 했다.

의사 선생님이 오늘은 목욕과 술을 금하라고 해서 시키는 대로 하고 하루를 소일했다.

2013년 6월 4일 화요일

오늘은 경로당에서 식사하라고 해서 점심을 먹었다.

식사 후에 아파트 하자 신고를 하라고 했다.

관리 사무소에 들러서 문제 되는 것을 써서 제출하려고 하는데, 지난번에 내가 제출했다고 직원이 말해 주었다.

그래서 그냥 집으로 돌아왔다.

2013년 6월 5일 수요일

오늘은 경로당에서 점심을 먹지 않는 날이다.

그래서 특별한 일 없이 하루를 지내야 하는 날이기도 하다.

그런데 둘째가 돈이 좀 필요하다는 전화가 왔다.

수중에 갖고 있는 돈이 없어서 농협에 적금 들고 있는 통장을 해약해서 송금해 주었다.

2013년 6월 6일 목요일

오늘은 6월 6일 호국의 날 '현충일'이다.

공휴일이라서 어디 갈 곳이 없다.

그래서 바깥에 나가서 바람 좀 쐬고 텔레비전을 보면서 하루를 보냈다.

2013년 6월 7일 금요일

올해는 양력 6월인데도 30도를 오르내리는 무더운 날씨가 계속 이어지고 있다.

곡식이 잘 자라려면 소나기라도 내렸으면 좋겠는데, 가뭄이 계속되는 무더운 날씨다.

2013년 6월 8일 토요일

토요일에는 갈 곳도 마땅치 않아서 아파트 주변을 돌아다니며 산책했다.

텔레비전으로 내가 좋아하는 '프로레슬링'을 보고 있었다.

프로레슬링을 재미있게 보고 있는데, 중국에서 귀국한 아들이 와서 술 한잔을 즐겁게 마셨다.

2013년 6월 9일 일요일

할 일이 없어서 밖에 나가서 소풍하고, 낮에는 텔레비전에서 '전국 노래자랑'을 보았다.

'전국 노래자랑'을 즐겁게 본 후, 간단한 안주에 술 한잔을 마시며 집에서 하루를 보냈다.

2013년 6월 10일 월요일

오늘은 계속 복용하고 있는 고혈압약과 당뇨약이 다 떨어졌다.

그래서 서울 신도림에 있는 '안용태 내과'에 가서 혈압과 당뇨검사를 한 후, 약을 지어왔다.

혈압은 124/70이고, 당뇨는 145였다.

그리고 피검사까지 했는데, 결과는 전화로 통보해 준다고 했다.

2013년 6월 11일 화요일

오늘은 가림이 아비가 중국에 들어가는 날이다.

그래서 중국으로 출발하는 것을 보고, 경로당에 들러서 점심을 먹었다.

식사 후, 경로당에서 동료들과 함께 놀다가 집으로 돌아왔다.

저녁에는 이슬비가 내렸다.

그러나 가뭄을 해갈하기에는 부족한 양이었다.

2013년 6월 12일 수요일

오늘 새벽에 이슬비가 내렸지만, 가뭄을 해갈하기에는 비의 양이 턱없이 부족하다.

몸이 가려워서 GS 상가 3층에 있는 피부과에 들러 검진을 받았다.

그리고 농협에 들러서 월 250,000원 1년 만기 적금을 하나 들었다.

2013년 6월 13일 목요일

오늘은 경로당에서 외식하는 날이다.

11시쯤 경로당으로 내려가서 길거리 청소하는 것 좀 봐주었다.

청소 후에 메밀국수 집으로 가서 점심을 먹었다.
소주 한잔과 냉메밀국수를 맛있게 잘 먹었다.
오늘 하루를 경로당에서 즐겁게 보냈다.

2013년 6월 14일 금요일

오늘은 안사람이 오전에 대청소하자고 했다.
며칠 만에 청소기로 바닥 청소를 해서 그런지 무척 힘들었다.
힘들었지만 청소하고 나니 집안이 깨끗해서 좋았다.
가끔 대청소도 해야겠다는 생각이 들었다.

2013년 6월 15일 토요일

오늘은 토요일이어서 갈 곳도 마땅치가 않다.
아파트 주변을 소풍하다가 애들 오면 함께 먹기 위해서 안사람에게 삼겹살을 사 오라고 했다.
그러나 기다리던 가림과 수빈이는 끝내 오지 않았다.
그래서 삼겹살 몇 점 구워서 소주를 한잔한 후에 '프로레슬링'을 시청했다.

2013년 6월 16일 일요일

오늘은 일요일이라서 하는 일 없이 집에서 텔레비전과 함께 보냈다.
술안주는 있으니까, 간단하게 약주 한잔하며 하루를 보냈다.

2013년 6월 17일 월요일

　새로 한 주가 시작되는 월요일이다.
　오늘은 안약이 거의 다 떨어져 가서 고양시장 앞에 있는 '맑은 안과'에 가서 눈 진료를 받았다.
　진료를 받은 후 약국에서 안약을 샀다.
　집으로 돌아오는 길에 경로당에 들러 점심을 먹었다.
　점심 식사 후에 회장단끼리 모여서, 게이트볼장 기공식 초청장 안내문을 봉투에 넣었다.
　경로당에서 일을 마친 후에 집으로 돌아왔다.

2013년 6월 18일 화요일

　오늘은 날씨가 흐렸는데 아침에는 약간의 이슬비가 내렸다.
　그러나 낮에는 잔뜩 흐리기만 하고 비마저도 오지 않았다.
　갈 곳도 없고 해서 경로당으로 가서 점심 식사로 국수 한 그릇을 먹었다.
　집으로 돌아오니, 11층에 사는 강 전 회장님께서 전화기를 갖고 오셨다.
　우리 집 전화기가 고장이 났다고 했더니 가져오신 듯했다.
　그래서 거실에 있는 전화기를 교체했다.

2013년 6월 19일 수요일

　어젯밤에는 이슬비가 내리더니 오늘 아침엔 날씨가 맑게 개었다.
　경로당에 들러 보니, 오늘은 밥을 하는 날이 아니어서 그런지 사람 한 명 없다.
　그래서 경로당을 나와 밖에서 바람을 쐬고 집으로 돌아왔다.

무더운 날씨라서 어디 외출도 못 하고 하루 종일 집에서 보냈다.

2013년 6월 20일 목요일

경로당에서 점심 식사하는 날이어서 경로당으로 내려갔다.

점심 식사하고 동료들과 이야기를 조금 나누다가, 집으로 돌아와 '한라장사씨름대회'를 보면서 하루를 보냈다.

2013년 6월 21일 금요일

오늘은 비가 온다고 하더니 비도 오지 않았다.

날씨가 너무 가물어서 농촌에서는 곡식이 모두 타들어 가 피해를 본다고 한다.

오늘도 별일 없이 하루를 보냈다.

2013년 6월 22일 토요일

낮에는 날씨가 더워 외출할 수 없을 것 같아서 아침 식사 전에 아파트 주변을 한 바퀴 돌았다.

오전에는 텔레비전 프로를 보며 한나절을 보냈다.

경로당에 내려가도 사람들이 나오지 않아서 집에서 지내다가, 아파트 주위를 돌며 시간을 보냈다.

2013년 6월 23일 일요일

오늘 낮에는 즐겨 보는 텔레비전 프로를 보았다.

그런데 6단지에 사는 며느리가 가림과 수빈이를 데리고 왔다.

시어머니 생신이라고 소고기를 사 와서 미역국을 끓여 주었다.
술 한잔 마시며 하루를 즐겁게 보냈다.
며느리가 와서 애써준 것이 고맙다.

2013년 6월 24일 월요일

아침에 나가서 아파트 주변을 산책하며 바람을 쐬었다.
경로당에서 점심 식사한다고 하기에 산책 후, 경로당에 들러서 식사했다.
식사 후에 동료들과 놀면서 시간을 보내다 날씨가 너무 더워서 집으로 돌아왔다.
남은 시간은 '프로레슬링'을 즐겁게 시청했다.

2013년 6월 25일 화요일

요즘은 날씨가 너무 더워서 활동을 제대로 할 수가 없다.
경로당에서 점심 식사하는 날에는 경로당에 내려가 점심을 먹은 후에 집에서 소일하는 것이 일과가 되었다.
집에 돌아오면 텔레비전 앞에만 있으니까 쓸쓸하다는 생각이 든다.
노후의 일상은 너무 쓸쓸하다.

2013년 6월 26일 수요일

오늘은 경로당에서 밥을 하지 않는 날이다.
그래서 오전에 밖으로 나가서 바람을 쐬었다.
집에 앉아서 하는 일 없이 하루를 쓸쓸하게 보내야 했다.
그저 한다는 것은 서예로 한자 몇 자 쓰는 일!

내가 매일 빠짐없이 꾸준히 하는 것은 독서다.

2013년 6월 27일 목요일

오늘은 목요일이어서 경로당에서 점심 식사하는 날이다.

오늘 점심은 내가 별로 좋아하지 않는 카레밥이었다.

점심 식사 후에 동료들과 이야기하며 놀다가 집으로 돌아왔다.

2013년 6월 28일 금요일

오늘은 금요일이라서 복지 TV에서 "전국 나눔 노래자랑' 결선하는 날이다.

그래서 2시에 하는 "전국 나눔 노래자랑"을 시청한 후, 내 모시옷에 풀을 먹여 다림질했다.

2013년 6월 29일 토요일

오늘은 날씨가 섭씨 33도나 되는 무더운 날씨였다.

날씨는 더웠지만 경로당 간부들이 모여서 상의할 일이 있었다.

그래서 '흑돼지 불고기' 집으로 가서 식사와 술 한잔씩 하면서 주요 회의를 했다.

간부회의를 잘 마치고 집으로 곧장 돌아왔다.

2013년 6월 30일 일요일

오늘은 6월의 마지막 날이다.

무더운 날씨가 이어져서 오후에는 산책하지 않고 아침에만 산책했다.

집에서 '프로레슬링'과 '전국 노래자랑' 상반기 결승전을 시청하며 하루를 보냈다.

2013년 7월

2013년 7월 1일 월요일

오늘은 2013년 7월이 시작되는 날이다.

경로당에서 목요일 점심을 제외하고, 평일 점심은 마지막인 날이다.

점심 식사 후에 윤 씨를 비롯해 두세 명이 함께 화투 놀이를 했다.

화투 놀이를 하다가 오후 2시에 비뇨기과에서 피검사를 해야 해서 헤어졌다.

2013년 7월 2일 화요일

요즘은 가문 날씨가 이어지고 있다.

오늘은 7월 장마가 남쪽에서 북상한다고 하더니 새벽부터 단비가 내렸다.

모처럼 비가 오는 김에 농작물 해갈이 됐으면 좋겠다.

비가 내리니까 이제 모든 만물이 해갈될 것 같다.

2013년 7월 3일 수요일

하늘은 맑은데 무척 더운 날씨였다.

30도가 넘는 기온에 밖으로 나가기엔 힘든 날씨다.
그래서 아침 일찍 아파트 주변을 한 바퀴 돌고 와서, 텔레비전 앞에서 하루를 보내야 했다.
오후에는 복지 TV에서 2시부터 진행되는 '전국 나눔 노래자랑'을 보았다.
날씨가 무더우니 마음이 매우 답답하다.

2013년 7월 4일 목요일

오늘은 경로당에서 점심 식사하는 목요일이다.
하지만 게이트볼장 준공식이라서 내가 반드시 참석해야만 했다.
준공식이 끝나고 뷔페 음식으로 점심 식사한 후, 더워서 갈 곳도 마땅치 않아서 집으로 돌아왔다.

2013년 7월 5일 금요일

오늘은 날씨가 너무 더웠다.
몸에 두드러기가 나서 병원에서 처방전을 받아 약국에서 약을 지어왔다.
집으로 돌아와서 부산에서 온 큰딸과 함께 남은 시간을 보냈다.

2013년 7월 6일 토요일

오늘은 토요일이어서 경로당에서도 할 일이 별로 없다.
그래서 집에서 차분하게 하루를 보내야 했다.
점심 식사 후에 밖으로 나가 소풍을 하고, 돌아와서 스포츠 프로를 보았다.

2013년 7월 7일 일요일

오늘은 몹시 더워서 아침 일찍 소풍을 마치고 들어와서 텔레비전을 보았다.

상반기 결선 날이어서 그런지 '전국 노래자랑' 프로가 매우 재미있었다. "전국 노래자랑"을 너무 즐겁게 보았다.

2013년 7월 8일 월요일

오늘도 무더운 날씨였다.

낮에는 활동할 수가 없어서 아침에 밖에서 소풍했다.

집에 있는데, 경로당에서 특별식으로 점심을 먹는다고 전화가 와서 경로당으로 갔다.

점심 식사 후에 동료들과 함께 시간을 보내다가 집으로 돌아왔다.

월요일 하루가 금방 지나간 것 같다.

2013년 7월 9일 화요일

오늘도 하루 일과는 다른 날과 거의 비슷했다.

날씨가 더워서 아침 일찍 밖에서 소풍하고 집에서 시간을 보냈다.

경로당에서 점심 식사로 회덮밥을 먹었다는데, 나는 몸이 좋지 않아서 병원에 다녀오느라고 먹지 못했다.

그래서 경로당 앞에서 앉아 있다가 집으로 돌아왔다.

2013년 7월 10일 수요일

요즘은 매우 무더운 날씨가 이어지고 있다.

얼마나 더운지 낮에는 밖에 나가기가 힘들 정도다.

아침에 아파트 주변을 한 바퀴 돌고 집으로 돌아오면, 경로당에 가기가 쉽지 않다.

경로당은 1층이라서 환기가 잘되지 않아 공기가 탁하다.

그래서 낮에는 집에서 주로 지내는 편이다.

2013년 7월 11일 목요일

7월 말까지 목요일에는 경로당에서 점심을 먹기로 했다.

더운 날씨 탓인지 입맛이 없어서, 겨우 밥 한술 뜨고 회장님과 사무장님 하고 화투 놀이를 했다.

2013년 7월 12일 금요일

오늘도 장마는 계속되었다.

경로당에서 점심 식사가 없는 날이어서 집에서 하루를 보냈다.

2013년 7월 13일 토요일

음력으로는 6월6일 초복이다.

경로당 회장님께서 영계백숙을 대접해 주신다고 해서 간부들만 모여 점심을 먹었다.

마늘을 넣고 끓여서 그런지 닭이 부드럽고 맛이 있어서 참 잘 먹었다.

2013년 7월 14일 일요일

오늘은 장맛비가 많이 내린 하루였다.

아침에 일어나 베란다에 서서 아래를 내려다보니, 목암천의 흐르는 물이 많이 불어나 있었다.

밤새도록 비가 많이 내린 탓에 개울가의 갈대가 쓰러질 정도로 물에 잠겨 있었다.

오전 내내 비가 내리다가 점심 때쯤 되어서야 조금 멈추었다.

그러나 오후 여섯 시부터 또다시 장맛비가 내리기 시작했다.

2013년 7월 15일 월요일

요즘은 장마철이라서 그런지 오늘도 바람이 심하게 불면서 비가 많이 내렸다.

바람이 부니까 날씨가 시원해서 활동하기 좋다.

그래서 아파트 주변을 산책하고 집으로 돌아와서 하루를 조용히 보냈다.

2013년 7월 16일 화요일

오늘은 아침부터 날씨가 흐리고 기온이 높다.

밖으로 나가 바람도 많이 쐬고, 집으로 돌아오는 길에 병원에 들렀다.

병원에서 주사를 맞은 후에 약국에 들러 약을 지어 집으로 돌아왔다.

집은 텅 비어 있어서 홀로 묵묵히 앉아서 시간을 보냈다.

복지 TV에서 진행되는 '전국 나눔 노래자랑'을 시청했다.

2013년 7월 17일 수요일

장마철이라서 그런지 날씨가 흐리면서 무덥다.

실외뿐만 아니라 실내도 무척 무덥다.

아파트 밖으로 나가 보니, 복숭아를 가득 실은 트럭이 와있었다.

담배를 피우는 사람에게는 복숭아가 좋다고 해서 사 와서 먹어 보았다.

그러나 장마철이라서 그런지 맛이 달지 않아서 별로였다.

2013년 7월 18일 목요일

오늘은 경로당에서 점심 식사하는 날이다.

복날이라서 점심 식사로 닭 한 마리씩이 나왔다.

그러나 나는 닭을 좋아하지 않아서 옆 사람에게 나눠 주었다.

2013년 7월 19일 금요일

오늘은 경로당에서 점심 식사가 없는 날이다.

그래서 집에서 술 한잔하면서 점심을 먹었다.

2013년 7월 20일 토요일

삼부토건 대전 현장에서 근무하는 막내딸이 넷째 딸이 있는 파주공장에서 자고 오늘 온다고 했다.

더운 날씨지만 낮에 고양동 시장에 갔다.

정육점에 들러서 삼겹살 한 근 반을 사다가 안사람과 막내랑 함께 술 한잔을 했다.

요즘은 장마철이라서 무더워서 밖에 외출하기가 쉽지 않다.

2013년 7월 21일 일요일

 일요일이라고 며느리가 둘째 수빈과 함께 참외를 사 와서 잘 먹었다.
 서울에 볼일이 있는지 부산에 사는 외손녀 고은이가 와 있다.
 대학교를 졸업했으니까, 빨리 직장에 취직이 되어야 할 텐데 매우 걱정이 된다.

2013년 7월 22일 월요일

 장마 때문에 소나기가 오락가락하며 내리고 있다.
 날씨가 더워서 나가지도 못하고 집에서 지내야 했다.
 외손녀 고은이는 서울에 볼일이 있다고 나갔는데, 비가 내리니 괜찮은지 모르겠다.
 걱정이 많이 된다.

2013년 7월 23일 화요일

 오늘은 장맛비가 내려서 목암천의 물이 많이 불었다.
 비가 내려서 밖에서 소풍도 못 하고, 텔레비전 앞에서 화투장을 만지면서 하루를 보내야 했다.
 남부지방은 비가 많이 와서 홍수로 인한 곡식 피해가 적지 않다고 한다.

2013년 7월 24일 수요일

 중부지방에는 장마로 인해 산사태가 나서 농작물과 주택의 피해가 심하다고 한다.
 이곳 경기 북부도 장마 피해가 있어서 매우 걱정이다.

내일이라도 날씨가 개었으면 좋겠다.

2013년 7월 25일 목요일

오늘은 경로당에서 점심 식사가 있는 날이다.

그래서 아파트 도로변 청소를 하고 경로당에서 돼지고기에 술 한잔씩을 곁들였다.

점심도 맛있게 잘 먹었다.

2013년 7월 26일 금요일

오늘은 기온이 32도가 넘는 무더운 날씨다.

시장 앞에 있는 '맑은 안과'에 가서 눈 검사를 받고, 약을 지어 오는데 몹시 더웠다.

날씨가 더워서 하루 종일 집에서 지내야 했다.

2013년 7월 27일 토요일

오늘은 장마가 남쪽으로 내려가서인지 햇볕이 쨍쨍 내리쬐는 몹시 무더운 날씨다.

몸이 가려워서 피부과에 가서 주사를 맞고, 약국에 들러서 약을 지어 집으로 돌아왔다.

하는 일 없이 텔레비전만 시청했다.

부산에 사는 큰딸과 외손녀 고은이도 함께 있었다.

2013년 7월 28일 일요일

비가 오지 않으면 장마철이라서 날씨가 몹시 무덥다.

일요일이라서 갈 곳도 마땅치 않아서 텔레비전 앞에서 하루를 보내고 있다.

아침에 마을 주변을 산책했을 뿐 스포츠 프로나 보면서 하루를 지내야겠다.

2013년 7월 29일 월요일

한 주가 시작되는 월요일이다.

오늘도 역시 아침 일찍 집 밖으로 나가서 바람을 쐬면서 하루를 시작했다.

하는 일이 별로 없어서 같은 일상이 반복되고 있다.

집에 있을 때는 그저 안주할 걸 찾아서 대포 한잔하는 것이 일과다.

무심하게 세월만 보내며 살고 있는 것 같다.

2013년 7월 30일 화요일

아침에 일어나 보니 비가 내리고 있었다.

소나기도 아니고 가랑비가 내리다 말다 하면서 때로는 거센 바람도 불었다.

비가 오다가 개면 날씨가 무척 더워서 바깥에서 소풍도 못 하는 처지다.

하는 수 없이 텔레비전을 보면서 하루 종일 집에서 지냈다.

2013년 7월 31일 수요일

  어제 기상청의 날씨 예보에 의하면 비바람은 오늘 오전 중으로 그친다고 했다.
  역시 기상청 예보대로 아침에 비가 내리더니, 오후에는 그쳤다.
  그래서 이틀 만에 밖에서 바람을 쐴 수 있었다.
  바람까지 부니까 마음이 매우 상쾌했다.

2013년 8월

2013년 8월 1일 목요일

  오늘은 경로당에서 점심 식사가 있는 날이다.
  그래서 경로당으로 내려가서 국수 한 그릇을 먹었다.
  식사 후에 동료들과 화투 놀이를 하고 2시 50분쯤 집으로 돌아왔다.

2013년 8월 2일 금요일

  오늘 새벽에는 비가 조금 내렸다.
  그러나 비 온 후에 하늘은 종일 흐리고 날씨는 무더웠다.
  오전 중에는 용돈이 없어서 농협에 가서 용돈 150,000원을 찾아왔다.

2013년 8월 3일 토요일

  장마철이어서 비가 오지 않는 아침 일찍 밖으로 나가 산책했다.

가림과 수빈 두 손녀가 있어도 외갓집에 갔는지 별 연락이 없다.

궁금해서 전화해도 받지 않는다고 하니, '잘 지내겠지?'라고 생각하면서 기다리지 않는 것이 마음이 편할 것 같다.

2013년 8월 4일 일요일

일요일이라서 경로당 문도 열지 않는다.

오전 11시쯤 밖으로 나가서 바람을 쐬고 집으로 돌아와서 텔레비전 앞에서 시간을 보내야 했다.

'전국 노래자랑'과 '주간 스포츠'를 시청했다.

할 일이 없으니 외롭다는 느낌이 든다.

하지만 외로워도 할 수 없는 일인 것 같다.

2013년 8월 5일 월요일

오늘도 오전 11시쯤 밖으로 나가서 바람을 쐬었다.

그런데 산책 중에 경로당 회장님을 만났다.

게이트볼장의 문을 열어야 한다며 차를 타고 함께 가자고 했다.

처음으로 게이트볼 치는 것을 구경하고 치는 방식을 배워 보았다.

그런데 갑작스럽게 내린 비에 옷이 다 젖고 말았다.

곧장 집으로 돌아와서 샤워했다.

오늘도 하는 일 없이 하루를 보낸 듯한 느낌이다.

2013년 8월 6일 화요일

그동안 일기장에 쓴 날짜가 잘못되었다.

오늘 새벽부터 비가 오기 시작했다.

오전 내내 천둥과 번개가 치면서 비가 오는 둥 마는 둥 했다.

밖으로는 나가지 못하고 하루 종일 집에서 지내야 할 것 같다.

어디에도 갈 수가 없다.

그저 조용히 써 놓았던 일기나 날짜에 맞게 옮겨 쓰면서 하루를 보내야겠다.

2013년 8월 7일 수요일

장마는 멀리 물러간 듯하다.

비가 오지 않으니 너무 무더워서, 17층 아파트에서도 선풍기를 틀어야 살 것 같다.

바람 한 점 없으니 집 안에서의 생활도 힘들다.

계속 이어지는 무더위 때문에 생활하기가 무척 힘들다.

2013년 8월 8일 목요일

무더운 날씨가 이어지고 있다.

오늘은 경로당에서 외식하는 날이다.

더운 날씨지만 낙지 요리점에 가서 낙지볶음에 술 한잔을 즐겁게 마셨다.

점심 식사 후, 경로당에서 놀다가 집으로 돌아왔다.

2013년 8월 9일 금요일

날씨가 무덥다.

아침 일찍부터 몸에 두드러기가 나서 병원에 들러 진료받았다.
진료 후에 처방전을 들고 약국으로 가서 약을 지었다.

2013년 8월 10일 토요일

엊저녁에 너무 더워서 밤새 시달렸는데 새벽에 약간의 비가 내렸다.
비가 내리니 오전에는 시원한 바람이 불어서 어제처럼 날씨가 무덥지 않았다.
파주에서 넷째 딸이 와서 점심을 함께 먹었다.
넷째 딸은 외손녀 고은이와 함께 볼 일이 있다고 파주공장으로 일찍 갔다.
오늘은 중국에서 승현이가 오는 날이다.

2013년 8월 11일 일요일

기온이 32도를 오르락내리락하는 무더운 날씨다.
밖에 나가는 것은 엄두도 낼 수 없는 실정이다.
그래서 아침 일찍 밖에서 바람 쐬면서 걷는 것이 일과의 전부다.
그리고 낮에는 텔레비전 앞에서 하루를 보내야 할 형편이다.
더위가 물러갈 때까지는 같은 생활이 반복될 것 같다.

2013년 8월 12일 월요일

오늘은 말복이다.
집에서 뭐라도 해 먹어야 하는데, 요즘 술을 마시지 않으니 닭 한 마리도 먹을 수가 없다.

무더운 날씨에 할 일 없이 쉬는 것도 무척 힘들다.
아무튼 무더위가 물러갈 때까지는 이런 생활이 지속될 것 같다.

2013년 8월 13일 화요일

무더위 탓에 오늘도 외출 못 하고 지내야 할 것 같다.

그런데 잇몸이 아파서 치과에 들러 의사 선생님 처방대로 약을 5일분 지어 왔다.

집으로 돌아오다가 경로당 앞에서 친구들을 만났다.

한참 동안 서로 이야기를 나누다가 집으로 돌아와서 선풍기 앞에서 보냈다.

2013년 8월 14일 수요일

무더운 날씨가 계속 이어져서 아침 일찍 밖으로 나가 산책을 했다.

오후 2시에 복지 TV의 '전국 나눔 노래자랑'을 시청하면서 집안에서 지냈다.

날씨가 무더워서 그런지 손녀가 두 명 있는데도 왕래가 뜸하다.

보고 싶지만 기다릴 수밖에 없다.

2013년 8월 15일 목요일

독립기념일인 광복절이다.

날씨가 무더운 오늘은 경로당에서 밥을 해 먹는 날이다.

경로당에서 닭을 먹고 술 한잔하면서 동료들과 하루를 보냈다.

2013년 8월 16일 금요일

날씨가 무더워서 갈 곳이 없다.
경로당 앞에 가서 바람 좀 쐬다가 집으로 돌아와서 하루를 보냈다.

2013년 8월 17일 토요일

매일 같이 무더운 날씨여서 갈 곳이 없다.
그래서 텔레비전으로 프로레슬링을 시청하고, 노을이 질 무렵에야 밖으로 나가서 바람을 쐬었다.
갈 곳 없는 몸이라서 텔레비전 앞에서 시간을 보내야만 하는 너무 적적한 나날이다.

2013년 8월 18일 일요일

더운 날씨 탓에 갈 곳이 없어서 그저 텔레비전과 함께 하루를 보냈다.
다행히도 일요일이라서 괜찮은 스포츠 프로그램이 많았다.
12시에 진행하는 '전국 노래자랑'과 스포츠를 보면서 하루를 보냈다.

2013년 8월 19일 월요일

삼복더위 속 계속되는 무더위라서 오고 갈 곳이 없다.
그저 밖에서 바람 좀 쐬고 집으로 돌아오면, 샤워를 한 후에 거실에서 생활해야 한다.
무더운 날씨에도 승현이는 공장 일 때문에 중국에 가야 한다고, 아침 일찍 공항으로 출발했다.
부모로서의 바람은 몸이 건강했으면 하는 것이다.

2013년 8월 20일 화요일

오늘도 아침 일찍 일어나 밖으로 나가서 바람을 쐰 후에는 할 일이 거의 없다.

그저 집에서 시간을 보내는 것이 일과가 되어 버렸다.

답답한 생활이다.

그러니 무슨 재미로 살겠나?

그냥 소일하면서 지내야 한다.

2013년 8월 21일 수요일

오늘은 오후 2시에 민방위가 있는 날이다.

날씨가 무척 덥다.

그런데 안식구는 내일 구로동에 있는 고대병원에 진료가 있는 날이다.

병원에 가면서 둘째 딸에게 깨소금을 좀 갖다준다고 참깨를 볶는다.

나에게 거들어달라고 해서 깨를 볶았는데, 어찌나 더운지 온몸을 땀으로 목욕하다시피 했다.

가스 불 앞에서 깨를 볶으니 무척 더웠다.

2013년 8월 22일 목요일

경로당에서 외식하는 날이다.

오늘은 건너편에 있는 낙지요리 집에 가서 낙지볶음에 밥을 비벼서 소주 한잔 잘 마시고 왔다.

더운 날씨에 술을 마셔서인지 오자마자 잠이 들었다.

짧은 시간이었지만 참 잘 잤다.

2013년 8월 23일 금요일

밤새도록 비가 내려서 갈 곳이 별로 없다.

오전에는 피부과에 들러 진료를 받았다.

병원에서 처방전을 받아서 약국에서 두드러기 약을 지어 왔다.

그리고 남은 시간은 집에서 보냈다.

2013년 8월 24일 토요일

오늘은 32도를 오르내리는 무더운 날씨다.

그런데 경로당 사람들이 단체로 초대되어 점심 식사를 제공받는다고 한다.

그래서 주민 센터 근처의 음식점으로 가서 점심 식사로 도시락을 먹었다.

무더운 날씨에 농협이 있는 아래쪽의 주민 센터까지 갔다 오니 덥고 피곤했다.

거실에 있는 선풍기 앞에서 잠이 들었다가 깨어 보니 오후 5시가 지나 버렸다.

2013년 8월 25일 일요일

서울 기온이 32도나 된다는 무더운 날씨여서 집에서 지내고 있었다.

그런데 파주에 사는 넷째 딸이 담양에 사는 둘째 처제의 아들 재승이와 부산 외손자 기영이를 데리고 왔다.

재승이가 인삼 엑기스를 사 왔다.

돈도 많지 않을 텐데 애를 많이 썼다.

사 온 거니까 잘 먹어야겠다.

2013년 8월 26일 월요일

　오늘 담양에 사는 처제가 고춧가루 스물다섯 근을 빻아서 택배로 보냈다.
　고춧가루값이 300,000원인데, 농협 통장에서 350,000원을 출금해서 계좌로 송금했다.
　나도 돈이 별로 없어서 수고비는 50,000원만 보냈다.
　점점 생활이 어려워지니 누구에게 말도 못 하고 답답할 뿐이다.

2013년 8월 27일 화요일

　오늘은 이발소에 가서 머리를 깎았다.
　갈 곳이 없어서 경로당 앞에서 몇몇 사람이 모여 이야기하다가, 오랜만에 육백이나 한번 치면서 놀자고 누군가 이야기를 했다.
　그래서 경로당에서 2시간 정도 화투 놀이를 하며 놀았다.
　별 손해도 소득도 없이 1,500원을 따서 집으로 돌아왔다.

2013년 8월 28일 수요일

　요즘은 조석으로 조금 선선한 날씨다.
　그렇지만 한낮 기온은 여전히 31.2도다.
　앞으로 태풍 예고도 있는데 태풍이 오고 나면 날씨가 시원해질 것 같다.
　오늘은 하는 일 없이 집에서 지내야겠다.
　손녀가 두 명이나 되는데 할아버지에게 전화 한 통이 없다.

2013년 8월 29일 목요일

오늘은 경로당에서 점심 식사하는 날이다.

돼지고기 김치찌개로 점심을 맛있게 먹었다.

점심 식사 후에 동료들이 육백 한 번 치자고 해서 쳤다가, 어찌나 안 되던지 6,500원을 손해 보았다.

2013년 8월 30일 금요일

날씨가 많이 서늘해졌다.

아파트 밖에서 바람을 좀 쐬다가 집에서 남은 시간을 보냈다.

2013년 8월 31일 토요일

아침에 일어나 보니, 날씨가 맑아서 바깥에서 소풍 좀 하다가 들어왔다.

아침 식사를 한 후에 텔레비전을 보았다.

그러다 다시 밖으로 나가서 경로당에 들러 보니 사람이 한 명도 없었다.

경로당 앞에서 바람 쐬고 있는데, 이동기 씨를 만나서 이야기를 좀 하다가 집으로 돌아왔다.

2013년 9월

2013년 9월 1일 일요일

오늘은 일요일이라서 아침에 바람을 쐬고 와서, 하는 일 없이 '전국 노래자랑'을 보았다.

  노래자랑을 보다가 229번을 틀어보니 프로레슬링 경기를 하고 있었다.

  텔레비전을 재미있게 보다 보니, 하루가 어떻게 간지 모르게 훌쩍 지나가 버렸다.

2013년 9월 2일 월요일

  한 주가 새로 시작되는 날이다.

  오늘은 경로당에서 점심 식사가 있었다.

  점심으로 국수가 나와서 국수 한 그릇을 먹고 밖에서 바람을 쐬며 조금 놀았다.

  바람을 쐬고 안약이 떨어져서 '맑은 안과'에 가서 진료 후에 처방전을 받았다.

  처방전을 들고 약국에 들러서 안약을 샀다.

  약국에 들른 김에 감기약도 지어서 집으로 돌아왔다.

  그렇게 또 하루를 소일했다.

2013년 9월 18일 수요일

  오늘은 음력으로 8월 14일 추석 전날이다.

  올해는 날씨가 유난히도 덥다.

  오늘은 추석 전날이라 각처에서 사는 딸들도 오고, 서울에 사는 외손자 민재도 오는 날이다.

  외할아버지가 옆에서 살지 않으니 여러모로 궁금한 점이 많다.

  사춘기에 공부는 잘하는지, 대학도 가야 하는데 몹시 걱정된다.

2013년 10월

2013년 10월 1일 화요일

　날씨가 선선하니까 건강을 생각해서 운동하라고, 아이들이 헬스장 등록을 권유했다.
　오늘부터 다닐까? 하고 헬스장에 가서 등록했다.
　그런데 너무 더워서 운동하기가 좀 불편하다.
　그러나 어쩔 수 없이 계속 헬스장에 다녀야 한다.
　열심히 해야겠다.

2013년 10월 2일 수요일

　오늘은 '노인의 날'이다.
　고양시에서 주최하는 '노인의 날' 행사에 참여하느라고 근린공원으로 갔다.
　근린공원에서 많은 음식을 대접받아서 잘 먹었다.
　오늘은 즐거운 하루였던 것 같다.

2013년 10월 7일 월요일

　오늘은 뒷골이 아파서 국민은행 앞에 있는 '신경외과'에 가서 진찰받고 약을 지어 왔다.
　그런데 약을 먹어도 아직은 아픈 증세가 가라앉지 않는다.
　마음이 괴롭다.

2013년 10월 16일 수요일

　오늘은 혈압약이 얼마 남지 않아서 서울 신도림에 있는 병원에 갔다.

　병원에서 처방전을 받아서 구로동에 있는 '우리네 약국'에서 두 달 치 약을 지었다.

　약 조제를 하는 동안에 박종성 사장을 만나서 점심 겸 술국에 술 한 잔을 했다.

　고양동 집으로 돌아오니 오후 5시가 되어서 하루가 다 저물고 말았다.

　오늘 하루를 바쁘게 보냈다.

2013년 10월 18일 금요일

　오늘은 경로당에서 이동갈비를 먹으러 간다고 해서 백운계곡에 있는 '이동갈비' 집으로 갔다.

　소갈비에 소주 한잔하고 백운계곡과 가평을 한 바퀴 돌고 와서 기분이 상쾌하다.

　매일 즐기는 것이 아니라서 하루 종일 기분이 괜찮았다.

2013년 11월

2013년 11월 2일 토요일

　군촌에 사는 처남이 백미 40kg 4포대를 보내와서 택배로 받았다.

　택배비용은 포당 10,000원으로 40,000원을 냈다.

백미 대금은 360,000원인데 400,000원을 송금해 줘야겠다.

2013년 11월 12일 화요일

오늘은 전남 곡성군 입면 제월리 처남에게 백미 40kg 4포대 대금 360,000원인데 400,000원을 송금해 주었다.

그리고 전남 담양군 학정 처제에게 찹쌀 40kg 1포대와 현미 20kg 1포대 대금 180,000원인데 200,000원을 송금해 주었다.

이제, 통장에 잔액도 얼마 남지 않았다.

2013년 11월 19일 화요일

경로당에서 점심 식사하고, 나와 안사람의 올해 경로당 남은 회비(11월, 12월) 20,000원을 다 냈다.

그리고 헬스장으로 가서 허리 운동을 했다.

집으로 돌아와서 복지 TV에서 방송하는 '전국 나눔 노래자랑'을 시청하면서 하루를 마감했다. (경로당 회비 마감일)

2013년 12월

2013년 12월 1일 일요일

오늘은 참 기분 좋은 날이다.

요즘 잇몸이 아파서 일주일 이상 술을 마시지 못하는 중인데 며늘아기가 돼지고기를 사 왔다.

삼겹살을 구워놓고 며느리가 술 한잔 잡수시라고 해서 기분 좋게 한 잔 마셨다.

저도 경제적으로 힘들 텐데 고맙다.

며느리 덕분에 술 한 잔 마셨더니, 고마운 마음과 함께 기분이 매우 좋아졌다.

2013년 12월 28일 토요일

2013년의 마지막 날이 다가와서 파주에 사는 딸들과 손녀들과 며느리가 다 모였다.

서울에 사는 둘째와 외손자 민재가 불참한 가운데 고기에 술 한잔씩 하며 즐겁게 보냈다.

금년도 다 저물어 가는 섣달그믐이다.

하는 일 없이 한 해를 보내게 되었다.

2013년 12월 30일 월요일

아버지 운동하시라고 헬스장 등록을 해준 지가 3개월이 다 되었다.

어느덧 마감 날이 되었다.

그래서 오늘 마감 운동을 마치고 집으로 돌아왔다.

헬스장 사장님은 재계약을 바라는 눈치였다.

그러나 나는 설 지나고 3월에나 다시 계약하겠다고 말하고 집으로 돌아왔다.

2014년의 일기

2014년 1월

2014년 1월 1일 수요일

　오늘은 신정이라서 서울에서 둘째 딸과 외손자 민재가 와서 함께 지냈다. 지난 을축년은 다 지나가고 새해 갑오년을 맞이했다.
　올 한 해는 온 가족이 건강하고 하는 일이 모두 잘되기를 바란다.
　특히 파주에서 공장을 운영하는 애들과 중국에서 공장을 운영하면서 노력하는 승현이와 민재, 가림, 수빈이 모두 학교 잘 다니고 공부 잘해라.

2014년 1월 24일 금요일

　오늘은 경로당에서 노인들 질병 검사 때문에 '파주의료원'에서 차가 와서 파주까지 다녀왔다.
　진찰과 치료를 받았는데 무료인 줄 알았더니 무료가 아니었다.

개개인의 병명에 따라서 약값과 치료비를 내야만 했다.
치료비가 꽤 비싼 편이었다.

2014년 2월

2014년 2월 23일 일요일

오늘은 삼부토건 대전 현장에서 근무하는 막내딸의 차를 타고 고향으로 가서, 선산에 모신 선영께 성묘를 드렸다.

형님 댁에서 하룻밤을 쉬고, 아픈 큰처남을 문병하기 위해서 전남 곡성군 입면 군촌부락 처가에 들러서 하루를 묵었다.

2014년 2월 24일 월요일

처남 집에서 하룻밤을 쉬고 전주를 들르기로 했다.

전주에서 약초원을 운영하는 생질(누이동생의 아들)들과 점심을 먹고 집으로 무사히 돌아왔다.

2014년 2월 27일 목요일

오늘은 경로당에서 점심을 외식하는 날이다.

동료들과 '서산 낙지' 집에 들러서 낙지덮밥에 술 한잔씩 마셨다.

식사 후, 경로당에서 1시간쯤 화투 놀이를 재미있게 하고 집으로 돌아왔다.

부산 큰딸과 큰사위가 부산으로 내려가는데, 전송도 못 해주고 나가서 잘 놀았다.

2014년 3월

2014년 3월 7일 금요일

오늘은 거실에 있는 방수빈이 타던 놀이 자동차를 쓰레기로 버리려고 한다.

이제 수빈이가 많이 자라 자동차가 작아져서 타지 못할 정도가 되었다.

수빈이가 즐겨 타던 자동차를 쓰레기로 처분하려니까 섭섭한 마음 금할 길이 없다.

수빈이가 많이 자라서 버리는 것이니까, 그냥 미련을 두지 말고 버려야겠다.

2014년 3월 12일 수요일

오늘은 왼쪽 다리가 아파서 '자연한의원'에 들러서 물리치료와 침 치료를 받았다.

치료를 받아도 잘 낫지 않아서 걱정이 한두 가지가 아니다.

그리고 치아가 아파서 치과에 들러 처방전을 받아 약국으로 향했다.

약국에서 5일분의 약을 지어 집으로 돌아왔다.

빨리 나았으면 좋겠다.

2014년 3월 22일 토요일

　어제는 우리 집에서 동서 남매간의 모임이 있었다.
　그래서 전주에 사는 첫째 처제 내외와 담양에 사는 둘째 처제 내외, 김포에 사는 막내 처제 내외가 왔다.
　그런데 군촌에 사는 큰처남과 평창에 사는 작은처남은 몸이 불편해서 참석하지 못했다.
　그리고 광주에 사는 사촌 처제도 거리가 너무 멀어서 불참했다.
　처가 식구와의 모임을 1박2일 동안 큰 사고 없이 잘 치렀다.
　모두 하룻밤을 편히 쉬고 각자의 집으로 돌아갔다.
　오랜만의 만남이라 매우 기분이 좋았다.

2014년 3월 26일 수요일

　작년에 신경이 척추를 눌러 다리가 아파서 힘들게 지냈다.
　그런데 딸들이 헬스장 등록을 해주었다.
　헬스장에서 거꾸로 물구나무서기 운동을 해서인지 나름 효과를 많이 보았다.
　이제 추위도 물러가고 봄이 되었다.
　그래서 딸들 말대로 다시 헬스장에서 운동하기로 하고, 어제 3개월 등록을 했다.
　오늘부터 헬스장에서 운동을 다시 하기로 했는데, 곧바로 효과를 볼 수 있었으면 좋겠다.

2014년 3월 27일 목요일

 오늘은 아파트 화단에 꽃나무를 심은 후, 경로당에서 점심을 먹는 날이다.

 그래서 오전에 꽃나무를 다 심고 동료들과 경로당에서 오락으로 화투 놀이를 했다.

 점심 식사 후에도 다시 한 시간쯤 화투 놀이를 했다.

 화투 놀이를 마치고 헬스장으로 가서 거꾸로 물구나무서기 운동을 한 후, 집으로 돌아왔다.

 집으로 돌아와서 텔레비전을 보면서 남은 오후 시간을 보냈다.

2014년 4월

2014년 4월 14일 월요일

 오늘은 중국에서 사업하는 아들이 한국에 들어왔다가, 다시 중국으로 출국하는 날이다.

 그래서 파주에 사는 넷째 딸이 새벽 5시 반에 인천공항에 데려다준다고 집에서 잤다.

 새벽에 아이들이 인천공항으로 출발한 후, 다리가 아파서 못 견디겠기에 한의원으로 갔다.

 한의원에서 침을 맞고 경로당에서 점심을 먹는다고 해서, 식사를 한 후에 집으로 돌아왔다.

2014년 4월 21일 월요일

　오늘은 왼쪽 다리가 아파서 국민은행 앞에 있는 신경외과로 가서 진료받았다.

　신경이 척추를 눌러서 아픈 거라고 하면서 척추에 주사를 놓아주었다.

　일주일에 한 번씩 두세 차례 주사를 맞고, 이틀에 한 번 물리치료를 받아야 한다고 했다.

　그렇게 하기로 하고 주사 비용 35,000원을 계산하고 집으로 돌아왔다.

　참 피곤한 하루였다.

2014년 4월 24일 목요일

　오늘은 경로당에서 외식하는 날이다.

　포천의 '이동갈비'에서 차량을 보내와서 '이동갈비'로 차를 타고 갔다.

　갈비를 먹으면서 술 한잔씩을 하고, 광릉 수목원에 들러서 좋은 공기를 마시며 두 시간쯤 바람을 쐬었다.

　수목원을 둘러본 후에 무사히 집으로 돌아왔다.

　맛 좋은 갈비에 술 한잔 마시며 하루를 즐겁게 보냈다.

　한 달에 두 번 이상 경로당에서 외식하는 날은 참 뜻깊은 날이다.

2014년 5월

2014년 5월 6일 화요일

    오늘은 사돈어른께서 몸이 편찮으시다고 해서 부산으로 문병하러 갔다.
KTX를 타고 구포역에 도착하니, 큰사위와 큰딸이 마중을 나와 있었다.
덕분에 고생하지 않고 딸 집에 무사히 도착할 수 있었다.
사돈어른을 만나 뵈니 걱정했던 것보다 상태가 괜찮아 보였다.
활동하고 계신 것을 보니 내 마음이 한층 더 좋아졌다.
사위하고 큰딸이 회까지 떠 와서 맛있게 저녁 식사를 했다.
사돈어른하고 회에 술 한잔씩 하며 하루를 보냈다.

2014년 5월 7일 수요일

    오늘은 부산에서 서울로 올라오는 날이었다.
오전 10시쯤 큰딸과 외손녀 고은이랑 함께 부산 집을 나왔다.
백화점에 들러서 티셔츠와 남방 한 개, 반바지를 큰딸이 사줘서 고맙게 받았다.
외손녀 고은이가 구포역까지 동행해서 나를 KTX에 태워 배웅해 주었다.
서울역에 도착하니 오후 3시 30분이 되었다.
서울역 근처 YTN 앞에서 고양동 집에 오는 버스를 탔다.
버스를 타고 집으로 돌아오는 중에 외손자 기영에게서 전화가 왔다.
잘 도착했냐고 해서, 집에 가는 버스 안이라고 대답해 주었다.
마음 써 준 고은과 기영이가 참 고맙다.

2014년 5월 8일 목요일

   오늘은 어버이날이다.

   어버이날이라 그런지 경로당에서 외식하러 가자고 했다.

   그래서 횟집으로 가서 회와 함께 점심을 먹으면서 술 한잔씩을 했다.

   회가 그다지 많지 않았지만, 오늘 하루를 잘 보냈다.

   경로당 동료들과 어버이날 하루를 잘 즐겼다는 생각이 든다.

   중국에 있는 아들에게도 전화를 받아서 기분이 매우 좋다.

2014년 5월 11일 일요일

   오늘은 뚝섬 유원지에서 고향 향우회 모임을 한다는 연락을 받아서, 아침 10시쯤에 집을 나섰다.

   전철을 타고 자양역에 도착해 보니, 고향 후배들이 벌써 술 한잔씩 하고 있었다.

   나도 도착하자마자 술 한 잔을 받고 집안 안부로 대화를 시작했다.

   세월이 흐르고 보니, 이제 향우회에서도 연세가 가장 많으신 분이 성북구에 사는 이성구 씨다.

   그리고 다음이 동갑인 이정구와 나밖에 없다.

   앞으로 향우회에 얼마나 참석할 수 있을지는 내 건강에 달렸겠지.

딸에게 쓰는 편지

민선이 보아라

그간 별일 없느냐?
다름이 아니고 이곳 농협이나 국민은행이 예금에 대한 금리가 너무 낮아서 예금하기가 곤란하구나.
그러니 신협 통장에서 3,000,000원과 이자를 수령하고, 보통 입출금 통장에서 1,500,000원을 출금하거라.
출금한 돈과 언니 편에 보내는 500,000원을 합쳐서 5,000,000원을 6개월 만기로 정기 예금통장을 만들어 예탁해 두기를 바란다.
이곳의 은행 금리가 국민은행은 10,000,000원을 예치하면 6개월(6개월 단위 변동 이자는 복리식)에 이율이 2.4%이고, 고양동 지점 농협은 복리 이율 2.271%로 연 4.54% 만기 지급이라고 한다.

이곳 금리가 너무 낮으니까, 신협에 6개월 만기 금리를 물어본 후에 금리의 차이가 있으면 5,000,000원을 예탁해다오.

민선아, 동생들 살피느라 애쓴다.

부디 서로 협력해서 모두 잘되기를 바란다.

甲午 年 2월에 아빠가

큰손녀의 편지

할아버지께♡

할아버지, 저 가림이에요.☺
생신 축하드립니다.
건강하시죠?
할아버지의 건강과 저희를 위해서라도 아침 거르지 마세요.
약속해요!
사랑해요!♡♡
앞으로 시간 내서 자주 놀러 갈게요.
생신 축하드려요!
사랑해요~
~ 가림 올림~

할머니께

할머니. 안녕하세요?
저 큰손녀 가림이에요.
제가 커서 무엇이 되었으면 좋겠어요?
저는 외교관이 될 거예요.
전 훌륭한 외교관이 되어서 가족들과 함께 여행을 다닐 거예요.
건강하시고, 사랑해요!♡♡
I love you. ♡
2009년 5월 2일
가림 올림♡

할아버지께

할아버지~ 안녕하세요?
저 가림이에요.
새해 복 ~ 많이 받으세요!
제가 이제, 5학년! 열두 살이 되네요.
건강하시고, 누구보다 당당하고 멋지고 긍정적인 가림이 할아버지가 되어 주세요!
사랑해요.
다시 ~ 새해 복 많이 ~ 받으세요!

2011년 1월 27일
가림 올림~

할머니께

할머니~ 안녕하세요?
저 가림이에요.
즐거운 설 보내세요!
새해 복 많이 받으세요!
사랑해요.
I love you.
건강! 챙기시고
추우니까 옷 두툼하게 입고요.
♡ 사랑해요~
2011년 1월 27일
♡가림 올림♡

할머니 할아버지께

할머니, 할아버지~
저희 가림이, 수빈이에요♡♡
원래 오늘 가려고 했는데
학원이 늦어서 못 찾아뵙네요.
오늘 어버이날이에요~
이번에 진짜 카네이션 못 사 드렸네요? ㅜㅜ
그런데 최고의 선물은 돈도 카네이션도 아니래요.
진짜 최고의 선물은 저희가 건강하게 자라는 거래요♡
진짜예요?♡♡
할머니, 할아버지 건강하세요!
아프지 마세요♡
아침 점심 저녁 거르지 마세요♡
할머니, 할아버지!
항상 감사합니다.
사랑합니다.
앞으로 자주 찾아뵐게요!
사랑해요!!
2014년 5월 8일
♡큰손녀 ♡작은손녀 올림♡
　배지는 큰손녀 선물이고, 종이로 접은 카네이션은 작은손녀가 드리는 선물이에요!

사랑하는 할아버지께♥

할아버지~♡ 가림이입니당!
생신 축하드려요~
그런데 전 할아버지 생신ㅠ 좀 그래요.
왜냐하면 점점 연세가 드시는 거잖아요ㅠㅠㅠ
할아버지, 항상 건강하셔야 해요~
건강이 최고예요!
그리고 사랑해요♡♡
어제 엄마랑 고모랑 집안을 싹 치웠는데 깨끗하지요?~
특히 엄마가 청소한 할머니 방과 김치냉장고 있는 베란다요~
그런데 할아버지, 생신이어서 모두 기분이 좋아요~♡
할아버지, 뭐 필요하신지 몰라서 ...
선물을 그냥 ... 하하하하♥
아, 할아버지 많~이 웃으세요.~♡
☺ 하하 호 호
그럼, 기분도 몸도 ...
많이 웃는 날은 하루 종일 기분이 좋아져요~
저도 많이 웃어야겠네요.~
아! 제가 어제, 고모들 수빈이 엄마와 함께 아몬드 포장해 놓았어요.
그거 꼭 하루에 한 팩씩 챙겨 드세요~
전 할아버지가 너~~~무 좋아요♥
할아버지, 건강하시고 사랑해요~

생신 축하드려요♥
2014년 9월 8일 화요일
할아버지 큰손녀 가림 올림♥

할아버지께♡

할아버지~ 가림이에요~~!!
오늘은 어버이날이에요~
카네이션 준비를 했으니까 예쁘게 길러 주세요!
그리고 이제 여름이 되었는데, 같이 많이 놀러 다녀요!!
할아버지~~
사랑해요!♡♡
건강하세요!~♡
2016년 5월 8일 일요일
♡가림 올림♡

to 할아버지♡

할아버지~ 큰손녀 가림이에요.
먼저 생신 축하드려요~
몸 편찮으시진 않죠??

다음에 저랑 아빠랑 제주도 여행도 가고, 맛있는 것도 먹으러 가면 좋겠어요.
그러려면 아프지 말고 건강하셔야 해요!!
요즘 학원도 늦게 끝나고 해서 자주 찾아오지 못하지만, 학교 끝나고 올 수 있도록 할게요.~
할아버지 사랑해요.
저 올 때마다 용돈 챙겨주시는 것도 감사해요!
그런데 엄마가 주니까 자주 안 주셔도 괜찮아요!
할아버지, 건강하고 파이팅해서 저랑 오래오래 같이 살아요♡
사랑해요!
2017년 10월 6일
from 할아버지 큰손녀 예쁜 가림 올림♡

할아버지♡ 가림이에요!

생신 축하드려요~
저 학교 졸업하면 가족들이랑 다 같이 놀러 가요!
꼭 우리랑 오래오래 행복하게 살아요!!
할아버지, 사랑해요!
큰 손녀 가림 올림♡

작은손녀의 편지

할아버지께 ♡♡

할아버지, 생신 축하드립니다.♡
건강하시고 사랑해용♡
자주 놀러 갈게요.
할아버지, 사랑해요1
수빈 올림

할아버지께

할아버지, 저 수빈이에요.
할아버지가 말한 것처럼 엄마, 아빠 말 잘 듣고 공부도 열심히 할게요.

그리고 오래오래 저희랑 행복하게 살아요.
그리고 사랑해요!
2016년 5월 8일 일요일 날씨: 맑음
수빈 올림

할아버지, 저 수빈이에요.

생신 축하드려요.♡
100살 200살까지 오래오래 건강하게 사세요.
사랑해요♡
생신 축하드려요.
2017년 10월 6일
수빈 올림

외손자의 편지

할아버지께

할아버지, 안녕하세요?~
벌써 제가 15살이 되었네요.
그동안 예절 교육도 해주시고, 키워 주셔서 감사합니다.
시간이 날 때마다 자주 찾아뵐게요.
건강하시고 산책도 자주 하세요.
아파트는 답답하니까 공기도 자주 쐬시고요.
제가 나중에 돈을 벌 나이가 되면 할아버지, 할머니와 함께 여행 많이 다닐게요.
공부에 힘쓰겠습니다.
할아버지, 사랑해요~!
2011년에 외손자 올림

할아버지께

할아버지, 설 이후로 오랜만에 뵈었네요.
할아버지랑 할머니가 보고 싶어서 추석이 되길 정말 기다렸어요.
막상 할아버지 댁에 왔지만 잠만 많이 자서 죄송합니다.
할아버지!
제가 보니까 산책을 많이 하시는 것 같네요.
좋은 선택이에요.
앞으로도 자주 산책을 하세요.
그런데 할아버지, 민소매 입으셨을 때 나온 배를 보고 저는 기겁을 했어요.
다행히도 이모들이 헬스장에 등록을 해줬다면서요?
열심히 다니면서 운동하세요.
할아버지 건강이 먼저입니다.
고등학생이 된 이후로 휴가철 때 찾아뵙지 못해서 죄송하고, 작년처럼 계곡 여행도 함께 하고 싶지만 수능 시험 때문에 못 갈 것 같아요.
엄마는 말로만, 말로만 하는데 대학 티켓 잘 끊고 오겠습니다.
제가 대학을 졸업한 후에 직장에 다니면 첫 월급은 할아버지, 할머니를 위해서 쓸 거예요.
무엇보다도 어렸을 때부터 저를 올바른 사람으로 키워 주셨잖아요.
할아버지, 몸조심하시고 제가 자주 못 들러도 가림과 수빈이가 있으니까 외롭지 않게 지내세요.
자주 전화할게요.

할아버지, 사랑합니다.
2013년에 외손자 올림

할아버지께

할아버지, 80번째 생신을 축하드려요~
저는 벌써 열여덟의 끝을 향해서 가고 있어요.
나이를 별로 먹지는 않았지만, 시간이 빠르게 가는 것 같습니다.
어린이집 다닐 때도 유치원 다닐 때도 초등학교까지 할아버지, 할머니 두 분이 계셔서 정말 좋았어요.
할아버지, 지금도 건강하시지만 담배도 줄이시고 산책도 꾸준히 하셨으면 좋겠어요.
손자가 대학교도 가고 결혼해서 아들 낳을 때까지 함께 하셨으면 좋겠습니다.
오래오래 건강하시고 항상 사랑합니다.
할머니께 너무 화내지 마시고요.
화가 주위에 맴돌면 좋지 않아요.
저는 얼른 대학 가서 할아버지, 할머니를 자주 찾아뵐게요.
생신 축하드리고 행복하세요!!
2014년에 외손자 올림

서예 작품

俯仰廊廟　矩步引領　顧答審詳　牋牒簡要

소중해서 더 빛나는 사랑

稽顙再拜
悚懼恐惶
孤陋寡聞
愚蒙等誚

璇璣懸斡
晦魄環照
年矢每催
羲暉朗曜

執	骸	駭	驢
熱	垢	躍	騾
願	想	超	犢
涼	浴	驤	特

제3부 ─────────────── 건축과 예술 사이

건축업자로서의 열정적인 삶

　청년 시절에 잠시 서울에 상경할 당시에는 가진 돈이 없어서 서울역이나 양동에서 잠시 장사를 하셨다. 그러나 결혼과 군복무를 마치고 다시 서울로 상경했을 때는 건축 기술을 배우셨다. 그 당시에는 지방에서 밀물처럼 서울로 몰려드는 인파로 인해 많은 집이 필요해서 건설 붐이 일어나기 시작했다. 박정희 정권의 경제개발 5개년 계획으로 아파트와 공단 등이 건설되었다. 서울에서는 1960년~1980년대까지 모든 지역이 건설 현장이라 해도 과언이 아닐 정도였다. 아버지께서는 건축 기술을 배운 후에는 인부들을 모집해서 공사를 맡아 진행하셨다.

　지방에서도 공사를 많이 하셨지만, 서울에서의 대표적인 공사는 '한국수출산업공단' 건설이다. 1단지에서 3단지까지 조성된 일명 구로공단으로 서울특별시 구로구와 금천구에 조성된 국가산업단지였다. 현재는 서울디지털산업단지로 구로디지털단지와 가산디지털단지로 나누어져 있다. 건축할 당시만 해도 구로구 구로동이었지만, 후에 구로구에서 금천구가 분리되었다. 그래서 1단지는 구로구 구로동에, 2단지와 3단지는 금천구 가산동에 자리하고 있다.

　1단지는 1964년에, 2단지는 1968년, 3단지는 1973년에 건설되었다. 서울과 인천 일대에 조성된 '한국수출산업국가산업단지' 중 한 곳으로 원래 논밭이 있던 곳에 건설되었다. 아버지께서는 비수기인 겨울철 3개월을 제외하고 새벽에 일하러 나가시면 저녁 늦게 귀가하셨다. 그러나 구로공단에서 일하신 몇 년 동안은 집에서 가까운 곳이라 퇴근이 빨랐다. 구로공단에서는 농촌에서 올라온 소녀들이 여공이라는 이름으로 불리며 장시간 저임금에 시달리며 일했다. 구로공단은 어린 소녀들이 기숙사 생활을 하면서 경공업인 섬유, 봉제, 가발, 소형 전기기기를 만들어 외국으로 수출했던 아픈 삶의 현장이었다.

　박정희 정권은 구로공단을 조성하면서 일명 '구로공단 농지 강탈 사건'을 일으켰다. 농민들 땅을 강제로 수용하면서 농민들과 농림부 직원들에게 죄를 뒤집어씌운 사건이었다.

　구로공단은 1960년대부터 수출산업단지로 조성되었으며, 1970년대 후반에는 산업역군들이 피땀을 흘렸던 지역이었다. 1980년대부터 중공업으로 산업의 중심이 이동되고 1985년에 '구로동맹파업' 등 노동운동이 일어나면서 입주 기업들이 빠져나갔다. 2000년부터 정보기술(IT) 산업 위주의 첨단지식산업단지로 육성하기 시작하면서 '서울디지털산업단지'로 이름이 바뀌었다.

　1980년대 중반에는 구로공단 근처인 가리봉시장이 매주 수요일 저녁이 되면 무척 붐볐다. 야근이 없는 날인지 구로공단에서 일하는 소년과 소녀들이 가리봉 오거리로 우르르 쏟아져 나왔다. 걸을 때 사람들끼리 서로 어깨가 스치는 것은 기본이고, 발 디딜 틈조차 없을 정도였다. 많은 사람을 접한다는 것이 크나큰 공포라는 걸 그 당시에 비로소 알게 되었다. 그래서 매주 수요일 저녁에는 시장에 볼일이 있어도 우리 형제들은 절대 외출하지 않았다.

1960년~1970년대 서울에는 구호주택과 간이주택이 있었다. 6.25 전쟁이 끝난 후 피난민들을 위해서 지은 집이었다. 미로 같은 골목에 부엌 딸린 방 한 칸 집들이 다닥다닥 붙어 있었다. 집 집마다 화장실이 없기에 주민들은 공동 화장실을 사용해야 했다. 비좁은 골목에 똑같은 집들이 붙어 있어서, 어린 시절에는 친구 집 찾기가 힘들어서 고생했던 적이 여러 번 있었다. 골목이 서로 연결되어 있어서 돌고 돌다 보면 다시 제자리로 돌아오곤 했다. 이렇게 너 나 할 것 없이 힘들게 살던 시기에 아파트가 건설되기 시작했다. 지금은 금싸라기 땅이 되었지만, 1970년대에 서울에서 가장 외지고 낙후된 곳이 바로 강남이었다. 온통 논과 밭으로 이루어진 골짜기라 땅값이 형편없었다. 이 시기에 아버지께서는 서울시 최초의 주공아파트인 반포주공아파트 공사를 맡으셨다.

반포주공아파트는 강남을 존재하게 한 뿌리로 대한민국을 아파트 공화국으로 들어서게 했다. 1973년 대한주택공사가 대한민국에서 최초로 건설한 대단지 주공아파트라고 할 수 있다. 22평~62평으로 되어 있는 3,786가구로 지은 대단지 아파트로 총 99개 동 지상 5층으로 구성됐으며 주차장이 지상에 있었다. 1단지에 이어 2단지와 3단지까지 건축해서 분양되었다. 아파트 상가는 3층으로 아파트 거주지와 같은 건물로 지었으며, 알파벳으로 동을 표기했다. 그 당시에는 엘리베이터가 없던 시절이라서 아파트와 상가 모두 엘리베이터가 설치되어 있지 않았다. 상가의 경우는 외관에 간판을 달 수 있도록 했으며, 돌출 간판이 아닌 평면 간판 위주였다. 주변에 반포초등학교, 반포중학교, 세화여중, 세화여고 등이 있어서 상가에는 사교육학원이 밀집해 있었다.

반포주공2단지는 래미안 퍼스티지, 3단지는 반포자이로 2008년 ~2009년에 재건축되었다. 그러나 반포주공1단지는 10년이 넘도록 재건축이 진척되지 않았다. 반포주공1단지의 부지가 워낙 방대해서 총 4개 주구로 나누어졌기 때문이다. 1, 2, 4주구는 디에이치 클래스트로 재건축 예정이며, 3주구는 래미안 트리니원으로 재건축될 예정이다.

아버지께서 공사를 맡아 건축하셨던 것 중에서 '경주보문관광단지'를 빼놓을 수 없다. 경주보문관광단지는 경주 시가지에서 동쪽으로 10여 km 정도 떨어진, 명활산 옛 성터에 보문호를 중심으로 조성되었다. 경주보문관광단지는 총 242만 평의 대지에 국제적 규모의 최고급 호텔 및 위락시설을 갖춘 종합휴양관광단지이다. 보문관광단지는 1971년 경주 종합개발계획의 일환으로 종합휴양지 건설을 목적으로 1979년에 조성된 대한민국 최초의 관광지로 개발되었다. 현재는 국제적 종합휴양관광단지로의 발전을 위해 다양한 시설 조성 및 마케팅 정책을 추진하고 있다.

아버지께서는 보문관광단지 내에 있는 '경주도뀨호텔' 공사를 맡아서 진행하셨다. 1979년 3월 15일에 개관한 '경주도뀨호텔'은 야외 수영장, 레이크가든, 사우나, 유람선 등 다양한 시설을 갖춘 특급호텔로 유명했다.

이후 도규 전철과 제휴가 끝나서 1990년부터 '콩코드호텔'로 명칭이 바뀌었다.

'경주도규호텔' 공사를 진행하실 때 아버지께서는 가족과 떨어져서 경주에서 생활하고 계셨다. 보문관광단지는 불국사, 토함산과 함께 고등학교 학생들의 수학여행지였다. 그 당시 고등학교 2학년인 둘째 딸이 경주로 수학여행을 온다는 소식을 듣고, 아버지께서는 반가운 마음에 직원들과 함께 경주역으로 마중을 나가셨다. 오랫만에 만난 딸과 하룻밤이라도 함께 보내고 싶었지만, 그럴 수 없어서 무척 섭섭했다고 훗날 말씀하셨다. 선생님들께는 맥주 몇 박스를, 몇백 명이 되는 학생들에게는 아이스크림과 콜라 사이다 등의 음료수를 사주는 걸로 아쉬움을 달랬다고 하셨다. 학도호국단 간부였던 둘째 딸의 기를 제대로 살려준 좋은 기회였다.

개포주공아파트는 강남구 개포동에 대한주택공사가 건립한 대단위 아파트이다. 전두환 정권이 도입했던 택지개발촉진법의 첫 사례이기도 하다. 1980년대 당시 강남개발로 인해 사람들이 강남으로 몰리자, 주택난을 해소하기 위하여 정부는 주공아파트를 여러 곳에 짓기 시작했다. 그중 개포주공아파트와 개포시영아파트가 대표적인 곳이라 할 수 있다.

1981년~1983년에 걸쳐 조성된 개포지구는 서울특별시와 한국토지개발공사, 대한주택공사가 택지개발과 토지구획정리사업을 담당했다. 대한주택공사는 1982년에 1단지부터 4단지까지 5층 국민주택 규모로, 1983년에 5단지부터 7단지까지는 고층 아파트로 총 13,345가구를 건립했다.

아버지께서 개포주공아파트 공사할 당시에는 현 남구로역이 있는 사

거리에서 개포동이 종점인 62-1번 버스를 타고 출퇴근하셨다.

　상계주공아파트는 1980년대 초 서울특별시 노원구 상계동, 도봉구 창동 일원의 상계 신시가지 건설 사업의 일환으로 총 18개 단지로 건설된 대규모 주공아파트단지다. 1985년 11월부터 본격적인 건설이 시작되어 1989년 6월에 모두 완공되었다.
　제5차, 제6차 경제개발 5개년 계획에 따라 서민과 중산층 대상의 주택공급 차원에서 건설되었다. 이전까지의 아파트와 달리 공중에 휴식 공간을 두고 소비자 맞춤형 인테리어를 선보여 눈길을 끌었다. '공중의 휴식 공간' 아파트는 4단지 412동을 시범아파트로 지정했다. 412동은 타 동과는 달리 25층으로 건설되었다. 16층~18층 중앙 부분 총 6가구에 해당하는 지역을 집 대신 공중 휴식 공간을 설치해서 놀이터 및 주민 휴식 공간으로 꾸몄다. 현재는 주변 세대의 진동, 소음 등의 피해로 '공중의 휴식 공간'은 사용할 수 없게 되었다.
　건설된 지 30년이 넘은 상계주공아파트 또한 다른 아파트처럼 재건축이 논의되었다. 우선 8단지가 재건축이 확정되어 2018년 4월에 철거되어 2020년 12월에 "포레나 노원"으로 재건축되었다. 1단지, 2단지. 6단지가 재건축 예비 안전 진단을 받아 6단지가 통과되었다. 그런데 윤석열 정부가 들어서면서 2개월 만에 1단지, 2단지, 6단지를 무더기로 안전 진단을 하여 통과시켰다.
　아버지께서 상계주공아파트 공사를 진행하실 때는 전철로 출퇴근하셨다. 가리봉동 역에서 새벽 첫 전철을 탄 후, 버스로 갈아타셨다. 공사를 맡아 일을 하실 때는 새벽에 출근하셔서, 우리 형제들과 상에 둘러앉아 아침밥을 함께 먹을 수 없었다. 내가 국민학교 다니던 시절에 아버지께서는 새벽에 출근하실 때마다 막냇동생과 남동생에게 용돈을 주셨다. 신기하게도 깊게 잠을 자다가도 아버지께서 출근하실 시간이면 기막히게 눈이 떠졌다. 돈을 받고 좋아하는 두 동생이 한없이 부러웠지만, 그 돈으로 형제가 함께 군것질거리를 사 먹어서 상관은 없었다. 자식들에게 용돈을 주던 아버지의 습관은 조카들에게로 이어졌다. 칠순이 넘어서는 일주일에 이틀 정도 인력사무소를 통해 일을 다니셨는데, 일을 다녀오신 날에는 꼭 조카들에게 용돈을 건네셨다.

아버지께서는 평생을 건축 현장에서 험한 생활을 하셨지만, 늘 최선을 다하셨다. 자신의 직업에 대해서 후회한 적을 한 번도 보지 못했다. 오갈 곳이 마땅찮은 인부들에겐 먹여주고 재워주고 늘 자상하게 살펴주셨다. 내가 대학 다닐 때까지 집에는 사람이 끊이지 않았다. 그래서 그 당시의 내 소원은 우리 식구만 사는 것이었다.

드나드는 사람이 하도 많아서 겨울이면 무 한 접으로 동치미를 담갔고, 배추 한 접으로 김치를 했다. 김장하는 날 새벽에는 눈을 비비며 덜 깬 잠을 뒤로 하고 어머니와 함께 수산 시장으로 갔다. 배추김치 속에 넣을 꼴뚜기와 동태를 사기 위해서였다.

집에는 항상 객식구가 있어 불편했지만 지금 와서 되돌아보면, 어려운 사람을 포근하게 감싸주시던 아버지의 따뜻한 마음을 이해할 수 있을 것 같다. 세상은 혼자가 아닌 함께 어울려 살아야 한다는 것을 당신이 몸소 실천하셨기에, 자식들 또한 남을 배려하는 마음을 갖게 되었는지도 모른다.

예술을 사랑한 자유로운 영혼

　아버지께서는 노동일을 하는 건축업자로 평생을 사셨지만, 여러 가지 재주를 지닌 로맨티스트였다. 재주와 흥을 지니셨을 뿐만 아니라, 그 재주를 묵혀두지 않고 즐길 줄 아셨다.

　내가 5학년이 되던 1975년에 집도 사고, 텔레비전과 전화도 생겼다. 텔레비전을 들이고부터 아버지께서는 토요일과 일요일 주말이 되면 해외 영화를 즐겨 보셨다. 어쩌면 아버지께서는 직접 가볼 수 없는 미지의 세상과 우리와는 전혀 다른 피부 색깔을 지닌 사람들을 화면으로 만나면서 자유로움을 느끼셨는지도 모른다. 해외 영화를 즐겨 보시는 아버지의 모습이 신기해서 우리 형제들도 화면 속의 다른 나라 풍광에서 눈을 떼지 못했다. 텔레비전이 한 대라서 반강제로 주말이면 아버지와 함께 MBC와 KBS를 오가며 해외 영화를 볼 수밖에 없었다. 그러나 영화를 보면서 외국의 정취와 배우들에게 마음을 온통 빼앗겼다.

그 당시에는 세계 문학 전집을 통해서 읽을 수 있는 소설들과 셰익스피어의 희곡 작품들이 많이 영화화되었다. 책을 통해서 읽어야 할 작품을 비록 흑백이지만, 영상으로 만날 수 있다는 사실이 너무 신선하고 놀라웠다. 우리 형제들이 아버지와 함께 봤던 영화는 어른들이 보는 영화였기에 -지나치게 야한 장면은 방영이 안 됐지만- 키스하는 장면이 곧잘 나왔다. 키스하는 장면이 나올 때마다 아버지 뵙기가 민망했지만, 영화를 보다가 자리를 뜰 수는 없는 노릇이었다. 주로 목장이 나오는 서부 영화에서도 왜 그리 키스 신이 많이 나오는 것인지. 외국 사람들은 키스하는 것이 무척 자연스럽지만, 우리나라에서는 감히 상상할 수 없는 일이었다. 키스하는 장면이 자주 나올 때는 솔직히 무안한 마음에 어쩔 줄 몰라 하면서 쥐구멍에라도 들어가고 싶은 심정이었다.

　아버지와 함께 해외 영화를 많이 본 덕분에 우리 형제들은 다른 아이들보다 좀 더 일찍 외국 사람들이 어떻게 일상생활을 하면서 사는지 알 수 있었다. 그리고 에밀리 브론테의 '폭풍의 언덕'과 샤롯 브론테의 '제인에어'를 영화로 보면서 작은 언니와 나는 이다음에 커서 브론테 자매처럼 우리나라에서 2인 문단 시대를 이루어 보자고 약속했다. 아버지와 함께 영화를 보는 것은 문학에 더욱 가까이 다가갈 수 있는 촉매제 역할을 해주었다. 즉 문학가의 꿈을 꾸고, 그 꿈을 이룰 수 있는 발판을 마련해 준 계기가 되었다.

　아버지께서는 목소리가 청아하고, 성량도 풍부해서 어떤 노래든지 잘 부르셨다. 단 한 번도 식구들 앞에서 노래한 적 없는 작은언니도 아버지께서 젊은 날 즐겨 부르셨던 ' 찔레꽃'과 '섬마을 선생님'은 부를 수 있다고 했다.

　아버지께서는 매주 월요일 저녁 10시에 KBS에서 방송하는 '가요무대'와 일요일 낮에 방송하는 '전국 노래자랑' 복지 TV에서 방송하는 '전국 나눔 노래자랑'을 빠짐없이 시청하셨다. 가요 프로를 시청하다가 좋아하는 노래가 나오면 즐겁게 따라 부르셨다. 한낮의 무료함에 기분 전환을 하고 싶으실 때도 카세트테이프를 틀어놓고 노래를 부르셨다.

　아버지와 함께 텔레비전을 통해서 음악 프로그램을 시청하다 보니, 아버지가 좋아하는 노래들을 알게 되었다. 아버지께서 돌아가시기 전에는 '할미꽃 사연'이란 곡에 애정을 갖고 계셨다. 아버지께 '할미꽃 사연'이 그렇게 좋냐고 여쭤보니 좋다고 고개를 끄덕이셨다. 아마도 할머니 생각이 간절하셨기에 '할미꽃 사연'을 특히 좋아하셨던 것 같다. 아버지 떠나신 후 유품을 정리하면서 고이 보관된 노트를 한 장씩 넘겨보았다. 가수 송봉수 씨가 부르던 '할미꽃 사연' 가사를 써 놓은 쪽지가 노트 안에 꽂혀 있었다.

　　어머님 무덤 앞에 외로운 할미꽃/ 이 자식은 바라보며 눈물집니다/젊어서도 늙어서도 꼬부라진 할미꽃/그 사연 밤을 새워 들려주시던/ 어머님의 그 목소리 어머님의 그 모습이/그 모습이 허공에 번져 가네

　　어머님 무덤가에 꼬부라진 할미꽃/이 자식은 매만지며 흐느껴 웁니다/ 한평생을 자식 위해 고생하신 어머님/그때는 몰랐어요, 용서하세요/나도 이제 부모 되니 어머님이 들려주신/ 그 이야기 이제는 알겠어요

아직도 '할미꽃 사연'을 구성지게 따라 부르시던 아버지의 목소리가 여전히 귓전에서 맴도는 것 같다. 할미꽃이 피는 봄날이면 아버지께서 할머니를 그리워하셨듯이, 나 또한 죽을 때까지 아버지를 그리워하게 될 것이다.

아버지께서는 설과 추석 차례를 지낸 다음 날에는 큰아버지가 계시는 남원으로 내려가시곤 했다. 고향 마을 송내리에서는 명절을 지낸 후에는 항상 농악놀이가 벌어졌다.

농악놀이에서 리더는 꽹과리지만, 가락에 맞춰 흥을 돋우는 역할은 단연 장구라고 할 수 있다. 그래서 농악놀이에서의 장구를 치는 사람이 진짜 기교 넘치는 실력자라고 한다. 그런 기교 넘치는 역할을 아버지께서 장구를 치며 담당하셨다. 아버지께서는 단순히 손목만 사용해서 장구를 치는 것이 아니라, 손목과 어깨를 동시에 사용해서 장구를 치셨다. 신명을 다해서 치는 아버지의 장구 솜씨는 노랫가락을 술술 만들어 내면서 마을 사람들의 춤을 끌어내는 요술을 부렸다. 장구는 흥이 많은 아버지가 사랑할 수밖에 없는 악기였다.

장구는 단순한 타악기가 아니라 서양악기의 피아노처럼 농악놀이에서 중요한 역할을 한다. 장구는 열편은 열채로 궁편은 손으로 때리는, 양손을 사용해야 하기에 예나 지금이나 실력이 뛰어나지 않으면 도저히 연주할 수 없는 악기이다. 장구를 치는 순간 평상시 내재 되어 있던 아버지의 흥과 끼가 세상 밖으로 제대로 얼굴을 내밀 수 있었다. 어깨를 덩실거리며 장구를 치는 아버지의 모습을 떠올리는 것만으로도 기분이 저절로 좋아진다.

아버지께서 그토록 사랑했던 큰아버지께서 돌아가신 후에는 자신이 좋아하던 장구채를 손에서 놓고 말았다. 큰아버지께서 떠나신 후에도 홀로 계시는 큰어머니 불쌍하다며 몇 년 동안은 명절 후에 고향을 방문하셨다.

큰집에서 큰아버지 제사를 이년쯤 지내고, 그 이후부터는 제사를 모시지 않았다. 그러자 큰아버지 제사를 모시지 않는 큰어머니와 조카들의 행동이 서운하셨는지, 그 뒤로는 고향 방문이 뜸해지셨다. 다만 우리 집에서 증조부모님과 조부모님 제사를 지낼 때는 제사상 옆에 작은 상을 하나 더 차리게 하셨다. 우리 형제들은 왜 작은 상을 하나 더 차려놓는지 알고 있었기에 아버지께 일부러 여쭙지 않았다. 아버지께서는 자식들에게 제사상도 못 받는 큰아버지를 마음속으로 안타까워하며 고향 방문을 멀리하셨다. 그래서 명절이면 고향 마을을 돌며 신명 나게 치던 장구도 다시는 칠 수 없게 되었다.

나는 아버지의 연세가 여든 중반이 되자, 장구를 다시 쳐 보는 게 어떻겠냐고 여쭤보았다. 그러자 아버지께서는 이 나이에 창피하게 무슨 장구냐고 말씀하셨다. 아버지 장구 실력이 묵혀두기에는 너무 아깝고, 신명 나게 장구 치는 모습이 진짜 보고 싶다고 했더니 그저 빙그레 웃으셨다.

아버지께서는 생전에 한결같이 하시던 일이 있었다. 아침 식사 전과 점심 식사 후에 하는 두 번의 산책과 산책 후에 한 시간 정도 서예에 몰두하는 일이었다. 손수 벼루에 먹을 갈아서 만든 먹물이나, 문구점에서 사 온 먹물로 고운 한지에 사자소학四字小學과 명심보감明心寶鑑의 글귀를 쓰셨다. 신문지에 충분히 연습한 후, 한지에 한자를 쓰셨다.

언젠가 아버지 글귀가 써진 신문지를 그냥 버리기가 아까워서 아버지 몰래 파주로 챙겨온 적이 있었다. 다른 형제들도 수북이 써 놓은 아버지의 서예 작품을 챙겨서 각자의 집으로 돌아갔다. 살면서 아버지가 그리울 때 꺼내보면서 추억하고 싶어서 서예 작품을 챙겨갔을 것이다.

생각해 보면 몇십 년을 함께한 한겨레신문이 아버지의 곁에서 톡톡히 서예 쓰기의 연습장 구실을 해주었다. 한겨레신문은 창간 직후부터 아버지가 돌아가실 때까지 곁에서 늘 함께한 벗이었다. 아파트 현관의 우편함으로 한겨레신문을 가지러 가면서 아버지의 하루는 시작되었다. 한겨레신문은 비가 오나 눈이 오나 하루의 시작을 묵묵히 함께한 진정한 아버지의 친구였다.

아버지께서 좋아한 스포츠는 무척 다양하다. 대표적인 스포츠는 복싱, 프로레슬링(WWE), 종합격투기(MMA)와 씨름이다. 4년마다 개최되는 동계올림픽 기간에는 알파인스키, 바이애슬론, 봅슬레이, 크로스컨트리, 컬링, 피겨스케이팅, 쇼트트랙, 루지 등을 즐겨 보셨다.

던지기, 쓰러뜨리기, 꺾기, 누르기 등의 기술을 사용하는 과격한 스포츠인 프로레슬링은 토요일이면 텔레비전에서 늘 방송되었다. 여러 번 재방송하는 경우가 많았지만, 볼 때마다 새로운 느낌이 들었다. 아버지 옆에서 함께 WWE를 시청하면서 프로레슬러들의 이름도 알게 되었다.

몇 년간 아버지와 함께 프로레슬링 경기를 시청하다 보니, 아버지 앞에서 자연스럽게 아는 체할 수 있게 되었다. 아버지께서는 골드버그나 랜디 오턴, 언더테이커, 블록 레스너를 좋아하셨다. 장의사를 뜻하는 영

어인 언더테이커의 본명은 마크 윌리엄 캘러웨이다. 언더테이커라는 이름에 걸맞게 경기할 때마다 짙은 화장에 챙 넓은 검정 모자를 쓰고, 검정 망토를 입고 무대에 나타나서 나를 웃게 했다.

아버지와 달리 나는 단연 키 크고 인디언의 피가 흐르는 듯 까무잡잡한 로만 레인즈를 좋아했다. 로만 레인즈는 미국 플로리다 출생으로 본명은 레아티 조셉 아노아이다. 꼬불꼬불한 긴 펌 머리가 인상적이었던 로만 레인즈는 어린 시절 앓았던 백혈병이 재발 되어 2018년 은퇴를 했다. 은퇴할 때는 무척 아쉬웠지만, 2020년에 다시 무대에 복귀하게 되어서 더없이 반가웠다.

아버지께서는 존 시나가 무대에 등장하면 잘 난 체하는 놈이라며 못마땅해하셨다. 외모 덕분에 배우로도 활동해서인지 늘 애인을 옆에 끼고 다녀서, 존 시나는 아버지에게 미운털이 박혀 있었다. 존 시나는 같은 프로레슬러인 돌프 지글러의 전 연인이었던 미국 애리조나 출신의 쌍둥이 여자 프로레슬러 니키 벨라를 사귀고 있었다. 현재는 둘이 결혼했지만, 돌프 지글러와 헤어진 니키 벨라를 사귀고 있어서 아버지께서는 존 시나를 영 탐탁지 않게 생각하셨다.

가장 인상 깊었던 프로레슬러는 블록 레스너였다. 블록 레스너는 레슬링 선수였지만 격투기 선수로도 활약했다. 블록 레스너의 프로레슬링 경기하는 모습과 종합격투기 경기하는 모습을 보았는데, 블록 레스너는 역시 프로레슬링 선수가 어울리는 듯했다.

아버지와 함께 본 가장 재미있고 흥미진진한 경기는 블록 레스너와 골드버그의 경기였다. 혈투 끝에 결국 골드버그가 승리했지만, 큰 덩치임에도 불구하고 힘없이 밀리는 블록 레스너를 보고 있자니 보기가 딱

했다. 한때는 프로레슬링의 제왕이었으나 WWE의 지독한 스케줄에 질려 결국 이종격투기 업계인 UFC에 정착했었다. 그러나 UFC에서 다시 WWE로 건너와 프로레슬링 무대에서 경기하는 모습은 예전의 명성을 한없이 그립게 만들었다.

대표적인 여자 프로레슬러로는 샤샤 뱅크스, 나오미, 카멜라 등이 있었는데, 아버지께서는 이들의 경기도 빠짐없이 시청하셨다. 여자 프로레슬러들은 일단 수영복 스타일의 경기복 자체가 화려한 것이 특징이었다. 여자들이 싸울 때는 머리채를 잡고 싸운다더니, 프로레슬링에서도 역시 여자 프로레슬러들은 머리채를 잡고 싸우는 경우가 많았다.

격투기는 이종격투기(미국-UFC)와 종합격투기(MMA)로 나눌 수 있다. 이종격투기는 한 가지 무술만 배운 사람끼리의 대결로 최고의 무술이 무엇인지 가려내는 단일 무술 간의 대결이다. 즉 씨름과 태권도 또는 무에타이와 유도 등의 대결이다.

그러나 종합격투기는 주짓수, 레슬링, 무에타이, 킥복싱, 복싱을 모두 아우르는 다양한 격투기 기술들을 수련하여 대결하는 방식이라 할 수 있다. 프로레슬링에 비해서 종합격투기는 목숨을 걸고 싸워야 하는 경기여서, 처음에 시청할 때는 잔인하다는 생각이 먼저 들었다.

아버지와 함께 종합격투기를 보면서 복싱은 펀치만 허용되고, 킥복싱은 펀치 외에 발차기가 허용된다는 걸 알게 되었다. 무에타이는 태국의 격투 기술로 타이 복싱이라고 불리기도 한다. 무에타이는 펀치와 발차기뿐만 아니라 팔꿈치와 무릎, 정강이 등의 부위를 주로 사용하여 파괴력을 과시한다.

킥복싱과 무에타이의 차이점은 팔꿈치 기술의 유무에 따라 다르다. 킥복싱은 팔꿈치 기술이 금지되어 있는데 무에타이는 팔꿈치 기술이 허용되어 있다. 킥복싱은 K-1(입식 타격 기술), 로우킥, 풀컨택트, 킥라이트, 포인트파이팅 등으로 종목이 나뉘지만, 무에타이는 종목이 나뉘지 않는 것이 특징이다.

종합격투기 경기를 보면서 느꼈던 것은 무에타이와 브라질의 무술인 주짓수를 연마한 선수들이 뛰어난 기량을 지녔다는 점이다. 그리고 경기 중에 선수들이 죽을 수도 있다는 생각이 들었다. 너무 위험해서 격투기 선수들의 부모님들은 경기하는 자식의 모습을 절대로 볼 수 없을 것 같았다.

아버지께서 거실에 홀로 앉아 텔레비전을 시청하고 계시면 외로울 것 같아서, 내가 보기엔 다소 과격한 프로레슬링과 종합격투기를 함께 보곤 했다. 처음에는 낯설고 잔인하기도 해서 어색했다. 그러나 경기를 자주 보다 보니 아버지와 함께 선수들 이야기도 하고, 아버지와 좀 더 가까워질 수 있는 공감대가 형성되었다.

같은 공간에서 같은 프로그램을 보면서 대화할 수 있었기에, 아버지와 나는 서로 행복한 시간을 공유할 수 있었다. 아버지와 내가 함께 보내는 시간이 많았기에 서로를 더 의지하게 되었는지도 모른다. 아버지와 함께 생활할수록 좀 더 깊이 아버지의 마음과 행동을 이해할 수 있게 되었다. 아버지께서는 어떤 프로그램이든 나와 함께 시청하는 것을 좋아하셨다. 무언가를 함께 한다는 것은 서로의 마음이 가까워지고 편안한 사이가 되는 것이다.

동계올림픽 기간에는 특히 쇼트트랙과 경상도 여자 선수들로 팀을 이뤄 경기하는 컬링 경기를 보면서 아버지와 많은 대화를 나누었다.

지금 생각해 보면 아버지와 함께 같은 텔레비전을 통해서 같은 영화를 보고, 같은 노래를 듣고, 같은 스포츠를 시청했던 순간들이 내게 주어진 행복한 시간이었다.

아버지의 지인들은 이구동성으로 아버지를 한글과 한자를 잘 쓰는 명필가라 말씀하신다. 글씨를 잘 쓰셔서 그런지 자식들에게 잔소리 한번 하지 않던 아버지께서도 글씨는 바르게 잘 써야 한다고 강조하셨다. 그러면서 형제 중에서 누구누구는 글씨가 그게 뭐냐고 웃으며 꾸짖으셨다. 글씨는 그 사람을 비추는 마음의 거울이며, 그 사람을 판단하는 기준이라고 하셨다. 그러므로 글씨를 쓸 때는 정성을 들여 바르게 잘 쓰라고 당부하셨다.

아버지께서는 영화와 음악을 사랑하고, 노래 부르며 장구 치는 것을 즐길 줄 아는 멋쟁이셨다. 우리 형제들과 식탁에 앉아 정치와 문화, 경제, 스포츠 등 여러 분야를 거침없이 토론할 정도로 박학다식博學多識한 아버지셨다. 많은 끼와 흥을 지녔음에도 처자식을 위해서 예술적인 감각을 포기한 채 생활인으로 살아야 했던 아버지셨다.

한없이 자유로운 영혼을 지닌 아버지께서 자식들을 위해 마음속에서 끓어오르는 자유를 누르고 사시느라 얼마나 힘드셨을까? 육 남매에게 헌신하느라 아버지의 꿈도 접고 사셨기에 늘 죄송한 마음뿐이다. 자식들로 인해 행복했던 순간만큼 자신이 하고 싶었던 것을 포기해야만 했던 순간 또한 많았음을 짐작하고도 남는다. 자신의 야망과 꿈보다 자식을 위한 삶이 먼저였던 아버지의 깊은 사랑을 어찌 모르겠는가? 다음 세상에서 아버지와 만날 수 있다면, 이승에서의 역할을 바꿔 내가 아버지가 되어 살고 싶다.

세 여자

 아버지께서는 젊은 날 예쁘장한 모습처럼 마음이 무척 섬세하셨다. 그런 까닭으로 결혼 전에는 털실로 뜨개질도 많이 했다고 하셨다. 자식들이 한창 공부할 때는 공사를 맡아 일하느라 바빠서 마주 보며 이야기 나눌 시간이 많지 않았다.
 어쩌다 가족들이 식탁에 둘러앉아 함께 식사할 때나 행복한 시간을 보낼 때 아버지의 눈가가 촉촉해지는 것을 보았다. 젊은 나이에 돌아가신 고모 생각에 자식들 앞에서 눈물을 보인 적도 여러 번 있었다.

 아버지의 첫 번째 사랑은 다섯 살 차이가 나는 누이동생인 고모다. 결혼 후 고모부께서는 전주에서 한약방을 운영하고 계셨다. 고모는 고모부와 떨어져서 사촌 동생들과 남원 시골에 남아 홀 시아버님을 모셔야 했다. 고모가 서른다섯 살 되던 해에 시골에서 홀로 막내를 출산하셨다. 막내를 출산한 후 산후병을 앓다가 서른여섯이라는 젊은 나이에 돌아가시고 말았다. 고모가 돌아가시기 2년 전에 할아버지께서 돌아가셨다. 할아버지에 대한 슬픔이 채 가시기 전이어서 할머니, 큰아버지, 아버지에게 고모의 죽음은 크나큰 아픔이었다.

내가 마지막으로 고모를 만난 것은 국민학교 3학년 때다. 서울에 살던 내가 방학을 맞이해서 큰집을 다니러 갔을 때, 이웃 마을까지 혼자 걸어서 고모를 만나러 갔었다. 꽤 먼 거리를 어떻게 걸어갔는지 지금 생각해도 잘 모르겠다. 아마도 어린 나이였지만 유일한 고모가 무척 보고 싶었던 것 같다. 고모가 살고 있는 집을 물어물어 찾아갔더니, 고모를 비롯해 고모 시아버님과 어린 고종사촌 동생들이 있었다. 기억나는 일은 수염이 긴 할아버지께서 큰 소리가 나도록 방귀를 뀐 것과 나와 헤어질 때 동구 밖까지 따라 나와서 눈물을 훔치던 고모의 모습이다. 그것이 고모와의 마지막 만남일 줄 알았다면 하룻밤이라도 자고 올 걸 하는 아쉬움이 지금도 내 맘속에 남아있다.

고모가 돌아가신 후 고모부와 재혼한 새 고모가 어린 동생들을 잘 기르며 할머니를 찾아뵙곤 했다. 서로 왕래하고 살았으나 너무 젊은 나이에 요절한 고모를 할머니와 아버지께서는 늘 가슴에 담고 사셨다. 그래서 아버지께서는 고모가 보고 싶은 날에는 고모의 결혼 전 낡은 사진을 꺼내보곤 하셨다. 고모의 사진이 너무 낡아서 새 사진처럼 다시 인화해 달라고 사진관에 부탁하기도 했다. 아버지에게 고모는 말 그대로 아픈 사랑이었다.

아버지의 두 번째 가슴 아픈 사랑은 어머니인 할머니다. 할머니께서 살아 계실 때는 고모를 그리워하며 눈물지었지만, 할머니께서 돌아가신 후에는 할머니 또한 아버지의 눈물이 되었다.

  생전에 할머니께서는 혼자서 서울에 올라오셨다. 내가 대학 다닐 때는 어머니께서도 일을 다녀서 할머니 혼자 집에 계실 때가 많았다. 그럴 때는 심심할 때 잡수시라고 초코파이와 연양갱을 사다 드렸다. 학교에서 수업을 마치고 돌아온 어느 날 "사람이 늙으니까, 강아지 예삐도 내 곁에 오지 않는다"라며 섭섭해하셨다.

  할머니께서는 고모인 딸을 하늘나라로 일찍 보내서 아들만 둘인 셈이었다. 다른 사람들처럼 자식이 많으면 이 집 저 집 돌아다니며 바람을 쐴 수 있었을 텐데, 기껏 큰집을 떠나서 올 수 있는 곳은 유일하게 우리 집뿐이었다. 서울에 계셔도 손주 셋은 대학 다니느라 바빠서 보살펴 드리지도 못했으니, 시간이 흘러 생각해 보면 가슴 아픈 일이다.

  방학 때마다 남원 큰집에 가면 할머니와 함께 사랑방에서 잠을 잤다. 마을에 제사가 있는 날엔 할머니께서 생쌀을 얻어 오셨다. 잠잘 때 내가 이를 심하게 갈았는지, 생쌀을 먹으면 잠잘 때 이를 갈지 않는다고 말씀하셨다.

  할머니께서는 추운 겨울이면 화롯불을 방 안으로 들여와 군고구마와 군밤을 구워주셨다. 방학이 끝날 때쯤 서울로 올라올 때는, 동전을 한 줄로 쌓아 올려 신문지에 돌돌 말아서 내 손에 쥐어 주셨다. 큰아버지께서 남원역까지 나와 동행해서 서울행 기차를 태워주시는 데도 푼푼이 모은 돈을 나에게 주셨다.

  하늘나라에 계신 할머니를 생각하면 떠오르는 모습이 또 있다. 여름방학 때 큰집에 가서 할머니를 찾으면 할머니께서는 거의 집에 계시지 않았다. 혹시나 해서 내가 어린 시절에 살았던 집터로 가보면 어김없이 할머니께서는 집터에서 김을 매고 계셨다. 서울에 있는 아들이 보고 싶어서, 아들이 살던 집터에서 김을 매며 마음을 달랬던 것은 아니었을까?

아버지에게 할머니는 생전에 잘해드리지 못한 아픈 눈물이며 그리움이 되었다. 할머니 떠나신 후, 아버지께서는 할아버지의 곰방대뿐만 아니라 할머니의 곰방대와 비녀도 평생 소중하게 보관하셨다. 떠난 부모님의 유품을 바라보며 그리움에 눈물지었을 아버지를 생각하면 내 코끝도 찡해진다.

부모님을 향한 아버지의 애틋한 사랑을 시로 다 표현할 수 없었다. 그러나 할아버지와 할머니의 곰방대를 바라보며 가슴 아파하셨을 아버지가 나 또한 그리워서 이 시를 써보았다.

아버지 유품을 정리하다/오랫동안 잊고 지냈던/할머니의 곰방대를 만났다/바짝 말린 담뱃잎 말아/날 선 칼로 잘게 썬 후/놋쇠 대통에 넣고 성냥불 붙이면/곰방대는 이내 요술을 부렸다

두 볼이 쏙 들어가게/물부리에 입을 대고 빨면/신기하게도 할머니 입속에서/피어오르던 자그마한 구름들/주인 잃고 홀로 남은 곰방대/안쓰러워 어루만지며/당신 가시는 날까지/ 그리움 키우셨을 아버지

무명천으로 곰방대 닦으며/할머니 보고파 눈물 흘리셨을/ 아버지의 지난 날을 마주 한다

- 할머니의 곰방대 전문 (한국문학상 수상작)

세 번째 아픈 사랑은 평생 아버지의 버팀목이었던 아내인 나의 어머니다. 힘들고 어려운 세상살이를 함께 겪으면서 함께 헤쳐나온 60년의 동반자였다. 젊은 시절에는 어머니께서 아버지를 많이 챙겼지만, 노년에는 오히려 아버지께서 어머니를 더 걱정하셨다.

어머니께서는 아침마다 싱싱한 부추와 상추, 무로 생채를 만들어 식탁에 올렸고, 아버지 또한 어머니께 밥 좀 많이 먹으라고 걱정하셨다. 서로 티격태격하면서 친구처럼 노년을 함께 하셨다.

어머니께서는 어쩌다 집을 떠나 딸 집에 계셔도 아버지 식사하셨는지 끼니때마다 전화해 보라고 하셨다. 부부가 함께 다니면 좋을 텐데, 젊은 날 지방 일을 많이 다녔던 탓인지 아버지께서는 집을 떠나는 것을 무척 싫어하셨다.

그래도 모임에서의 여행과 가족여행은 함께 다니셨다. 가장 좋아하셨던 여행은 칠순 때 다녀온 태국 여행과 아버지께서 공사했던 경주보문관광단지에서의 가족여행이다.

60년을 동반자로 의지하며 사셨는데, 어머니의 갑작스러운 교통사고는 아버지와 우리 형제 모두에게 너무도 가혹한 형벌이었다. 자식들이 아버지 곁에서 신경을 써드려도 어머니의 빈 자리는 그 무엇으로도 대신 할 수가 없었다. 아버지께서는 의자에 앉아 우두커니 아파트 창가를 바라보며 한숨짓는 일이 늘어갔다. 아버지께서 욕실에 계실 때 세면대에서 물 흐르는 소리가 크게 들리면, 혹시 울고 계시는 것은 아닐까? 가슴이 철렁 내려앉을 때가 많았다. 내 앞에서 어머니 생각에 우신 적은 없지만, 마음이 여린 아버지께서 얼마나 많은 날을 아파하셨을지 짐작이 간다.

어머니를 대신해서 우리 형제 곁에 오래 계셔달라고 염원했는데, 어머니 떠나신 지 6년 후에 아버지께서는 사랑했던 세 분 곁으로 떠나셨다. 아버지, 아버지께서 사랑했던 세 여자를 만나서 하늘나라에서 지금 행복하십니까?

센베이 과자와 귤

아버지께서 서울에서 고양동으로 이사 온 후에 심심할 때 드시라고 군것질거리로 센베이 과자를 많이 사다 드렸다. 센베이 과자를 사다 드리면 아버지께서는 볕이 잘 드는 거실 창가에 마련된 아버지의 지정석 머리맡에 놓아두셨다. 그리고 무엇인가 드시고 싶으실 때마다 머리맡에 놓아둔 봉지에서 센베이 과자를 한 개씩 꺼내어 맛있게 드셨다. 우리 형제들이 어렸을 때 아버지께서 사다 주시던 센베이 과자! 어른이 나이가 들면 다시 어린아이로 되돌아간다고 했던가? 자식들은 어릴 때 받았던 과자들을 연세 드신 아버지께 자연스럽게 사다 드리게 되었다. 마치 치어였던 연어가 성장하여 자신이 태어난 곳으로 다시 회귀하듯, 아버지께서 하셨던 것처럼 나도 똑같이 했다.

우리 형제들이 어렸던 1970년대의 겨울은 왜 그리 추웠던지? 안에 털이 달린 옷과 털실로 짠 모자를 쓰고, 목도리를 목에 두껍게 두른 채 손에는 털로 짠 벙어리장갑을 꼈었다. 그런데 털실로 짠 벙어리장갑을 껴도 손은 늘 시리고 피가 나도록 트기 일쑤였다. 아마도 추위만큼 혹독한 가난이 삶에 깊이 뿌리를 내리고 있던 탓이었을 것이다. 다락이 있는 좁은 월세방 한 칸에서 북적이며 살았지만, 너무 어린 탓에 가난을 직접 몸으로 체감하지는 못했다. 추운 겨울에도 밖에 나가 고무줄놀이를 하고 핀치기, 병뚜껑 따먹기 놀이, 다방구 놀이, 비석 치기 놀이에 흠뻑 빠졌었다. 그러다 해가 뉘엿뉘엿 져서 어둠이 스멀스멀 골목 안으로 찾아들면 어머니께서는 내 이름을 소리 높여 부르셨다. 집에서 기다리다 못해 결국 한길로 나와서 날 부르는 화난 어머니의 목소리는 귀가하라는 최후의 통첩이었다. 실컷 놀았는데도 더 놀고 싶어서 아쉬움을 가슴 가득 안고 슬며시 어머니 눈을 피해 집으로 들어가곤 했다.

저녁이 되어 아버지께서 집으로 들어오시는 인기척이 들리면, 방안은 갑자기 아수라장이 되었다. 저녁 식사 후, 방바닥에 납작 엎드려서 만화책을 보던 우리 형제들은 일제히 쌀통 속에 만화책을 숨겼다. 보던 만화책을 감쪽같이 쌀통 속에 던져놓고 열심히 공부하는 척 교과서를 펼쳐 들었다. 아버지께서 문턱을 넘어서 방으로 들어오시면 손에 들고 있던 책을 옆에 엎어놓고 재빨리 일어서서 "안녕히 다녀오셨어요!"라며 인사를 했다. 자라면서 자식들에게 공부하지 않는다고 야단친 적이 한 번도 없던 아버지셨다. 공부하지 않으면 괜히 혼이 날 것 같아서 우리들은 열심히 공부하는 척을 했다. 그 당시 우리가 살던 바로 앞집이 재희네 만화 가게였다. 그 덕분에 재희네 만화 가게에서 빌려온 만화책은 우리 형제들에게는 둘도 없는 친구가 돼주었다.

만화책을 숨기자마자 아버지께서 들어오시면 방 안에 긴장감이 감돌았지만, 우리들의 눈은 어느새 아버지 손에 들려진 봉투에 머물렀다. 추운 겨울날 검은 가죽장갑을 낀 아버지 손에는 누런 봉투 두 개가 들려 있었다. 봉투 한 개에는 동그랗고 예쁜 귤이 들어 있었고, 또 다른 봉투에는 여러 가지 모양의 고소하고 달콤한 센베이 과자가 듬뿍 담겨 있었다. 넉넉지 않은 살림에 자식들이 많다 보니 양이 많은 센베이 과자보다 더 좋은 과자는 없었다. 지금 되돌아보면 아이들 먹을 것이 많지 않았던 그 시절에 센베이는 참 맛있었다. 센베이 과자 중에서도 생강 맛이 나는 과자와 큐브 모양의 달짝지근한 강정인 오란다에 자꾸 내 손길이 머물렀다. 평소에 어머니께서 우리 형제에게 깨강정, 콩강정을 많이 만들어 주셨지만, 센베이 과자의 맛 또한 무시할 수 없는 매력덩어리였다.

아버지께서는 센베이 과자와 더불어서 귤을 꼭 함께 사 오셨다. 추운 겨울에 먹는 귤 맛 또한 일품이었다. 귤껍질을 벗기면 하얀 실 같은 것들이 나오는데, 그것을 깨끗이 벗기지도 않고 아까워서 그냥 먹곤 했다. 겨울이 되면 연탄을 때는 온돌방은 아궁이에서 불이 들어오는 아랫목만 따뜻했기 때문에 윗목에 물그릇을 놓아두면 살얼음이 얼 정도였다. 냉기가 감도는 방에서 귤을 입으로 베어 먹으면 이가 무척 시렸지만, 새콤달콤 참 맛있었다. 너 나 할 것 없이 먹고 살기 힘든, 가난했던 그 시절에 귤을 사 오신 것을 보면 대단한 아버지셨다. 자식들에게 먹는 것만은 아끼지 않겠다는 부모님의 자식 사랑법은 지금 생각해도 놀라울 뿐이다.

어린 시절의 아버지는 감히 눈을 들어 올려다볼 수 없는 하늘만큼 높은 존재였다. 아버지의 원래 모습은 노년 시절의 모습처럼 다정다감하고 섬세한 분이신데, 학창 시절에는 말 한마디 건넬 수 없는 너무 먼 존재였다. 겨울이 되면 부모님께서는 온돌방을 따뜻하게 해줄 연탄값과 정부미 쌀값 걱정이 많으셨을 것이다. 그런 부모님의 고충도 모른 채 아버지께서 사 오셨던 센베이 과자와 귤 덕분에 우리 형제들에겐 춥지만, 마음만은 포근한 기다려지는 겨울이었다.

아버지께서 겨울이면 사다 주신 센베이 과자와 귤의 추억 때문일까? 아버지께 제일 많이 사다 드린 것 또한 센베이 과자였다. 길을 가다가 과자가 실려 있는 트럭을 만나거나, 아파트에 장이 설 때 센베이 과자가 제일 먼저 내 눈에 들어왔다. "저희 아버지께서 어린 시절에 제일 많이 사다 주시던 과자였는데, 지금은 제가 사다 드려요!" 묻지도 않는 말을 실없이 건네며 센베이 과자로 손을 뻗었다. 아버지를 생각하며 과자와 과일을 고를 때가 내게 가장 행복한 순간이었다. 아마 아버지께서도 어린 자식들의 까만 진주알 같은 눈망울을 생각하며 주머니에서 주섬주섬 돈을 꺼냈던 순간이 가장 행복하셨으리라 생각한다.

센베이 과자가 이 세상에서 사라져도 죽을 때까지 센베이 과자를 잊지 못할 것 같다. 요즘 겨울은 어릴 때처럼 눈도 많이 내리지 않고 그다지 춥지도 않다. 그러나 겨울이 되면 센베이 과자와 귤에 자식 사랑을 듬뿍 담아 오시던 아버지가 간절하게 그립다.

홀로 견뎌낸 시간

산책하다 보면 하루가 다르게 초록이 짙어지는 것이 눈에 들어온다. 아버지께서는 하늘나라에서 어머니와 함께 잘 지내고 계실까? 아버지 떠나신 후 벌써 몇 계절이 훌쩍 지나버렸다. 시간이 쏜살같다는 말이 얼굴을 간지럽히는 실바람이 되어 내게 다가온다. 아버지가 그리울 때 하나하나 꺼내보려고 식탁에서 함께 반주하며 많은 이야기를 나누었는지 모른다. 부모와 자식 간의 대화뿐만 아니라 인생의 선후배로서의 이야기도 참 많이 주고받았다. 그만큼 아버지께서는 자식들과 격이 없이 대화를 나눌 정도로 편안한 분이셨다.

식탁에서 듣던 아버지의 젊은 날의 이야기는 그야말로 역동적인 드라마 같았다. 무슨 일이든 빠르게 결단하고 용감하게 행동하셨다. 기억이란 생각과 달리 시간이 흐르면 잊히기에 일제 강점기 때 이야기와 6.25 전쟁 이야기를 들으면서 녹음하지 않은 것이 못내 아쉽다. 이제는 우리 주위에서 일제 강점기와 해방과 6.25 전쟁을 몸소 겪은 분들을 만나기가 쉽지는 않다. 요즘 MZ세대들은 확고하지 않은 역사의식을 지니고 있어서 통일의 필요성조차도 느끼지 못한다. 우리들이 현재 편안하게 살 수 있는 이유는 우리 아버지 세대의 부단한 노력 때문이었다. 가난 속에서 억척같이 경제를 일으키고, 자식들 가르치기 위하여 피땀을 흘린 덕분에 우리들이 편안하게 살 수 있는 오늘이 존재하는 것이다. 역경 속에서 스스로 자수성가했던 사람들이 점점 사라진다는 것이 참으로 안타깝다.

아버지께서는 어머니가 먼저 돌아가신 후에 오랜 시간 힘들어하셨다. 자식들에게 힘든 모습을 내색하지 않으려고 노력하셨지만, 슬픔이 늘 아버지를 따라다닌다는 것을 난 알 수 있었다. 어머니께서 어느 날 갑자기 교통사고로 돌아가셨기에 아버지를 더 잘 모시고 싶었다. 어머니의 남은 삶까지 아버지께서 대신 누리다 가시길 염원했지만, 그것은 단지 자식으로서의 욕심에 지나지 않았다는 것을 돌아가신 후에 깨달았다. 어머니처럼 아버지 또한 마음의 준비도 없이 갑자기 떠나실 줄 그 누가 예측할 수 있었을까? 언젠가 아버지께서 기력이 쇠하고 인지능력이 떨어져도 요양원이나 요양병원에 모시고 싶지 않았다. 내 힘으로 직접 돌봐드리고 싶어서 미래를 위해 의료공부도 했었다. 그런데 코로나가 한창이던 때 코에 생긴 염증으로 갑자기 세상을 등지실 줄 그 누가 상상이나 할 수 있었겠는가? 아버지께서는 자식들에게 평생을 헌신하셨는데, 아버지는 딱 2주간만 병원에서 자식에게 정신과 몸을 의지하셨다. 아버지를 돌봐드릴 수 있는 시간조차도 너무 짧았다. 더 보살펴 드리고 싶어도 하늘은 보살펴 드릴 수 있는 시간마저 허락해 주지 않았다.

코로나가 닥쳤을 때 한 가지 바람은 아버지께서 절대로 병원에 가실 일이 생기면 안 된다는 것이었다. 그러나 나의 간절한 바람과는 달리 아버지 역시 남들처럼 예외가 되지 못했다. 코로나 대유행으로 병원에 입원해 계실 때도 식구들에게 면회가 전혀 허락되지 않았다. 그리고 보호자도 환자 옆에 딱 한 사람만 있어야 했다. 코로나로 인해서 이 세상 살면서 겪지 말아야 할 최대의 비극을 겪고 말았다. 요즘도 가만히 홀로 시간을 보낼 때면 "집에 가자!"라며 내게 애원하셨던 아버지의 음성과 모습이 떠올라서 목이 멜 때가 있다. "아버지, 식사 잘하시면 퇴원해서 집에 가실 수 있어요." 아버지께 했던 말은 결국 하얀 거짓말이 되고 말았다. 저승사자가 아버지 뒤를 그림자처럼 따라다닌다는 것을 난 인정하고 싶지 않았는지도 모른다. 아버지께서 코의 염증이 나아 코로나 앞에서 보란 듯이 당당하게 병원 문을 나서기를 학수고대했다. 그런데 나의 바람과 현실은 등을 돌린 채 서로 다른 곳을 바라보고 있었다.

아버지와 내가 다음 세상에서 부모와 자식의 연으로 다시 만난다면, 내가 부모가 되어 살아생전 받은 은혜에 보답하고 싶다. 그런 마음은 나뿐만 아니라 우리 형제들의 한결같은 마음일 것이다. 이제 부모님 없이 오롯이 우리 형제들만 이 세상에 남겨졌다. 우리 형제들을 버티게 했던 버팀목은 바로 부모님이셨다. 이제 부모님의 평소 바람대로 각자의 가정에 충실하면서 형제들끼리 서로 사이좋게 지내는 것이 최선이라 생각한다.

갑작스러운 어머니의 교통사고에 충격을 받아서 발인 이후 돌아가실 때까지 아버지께서는 보광사에 잠들어 계시는 어머니를 단 한 번도 찾지 않았다. 아버지께서는 60년 동안 켜켜이 쌓인 부부의 정을 곱씹으며 힘들게 사셨는데, 이제 보광사 영각 전에 두 분이 이웃해 계신다. 자식들의 곁을 빨리 떠나 하늘에서 그리운 어머니를 만난 아버지께서는 지금 정녕 행복하실까? 어머니 홀로 보광사에 계실 때는 집으로 돌아오는 발걸음이 떨어지지 않아서 눈물을 훔치는 날이 많았다. 그런데 이제 함께 계신다고 생각하니 두 분을 남겨두고 돌아서는 나의 마음이 한결 가볍다. 언젠가 자식들이 이승에서의 삶을 내려놓고 부모님의 곁으로 돌아갈 때까지 편안히 쉬고 계시기를 염원해 본다.

서러움이 지는 꽃잎처럼 바람에 흩날린다/가뭄에 갈라진 논바닥 마음 드러내듯/눈물도 시간이 흐르면 마르리라/슬퍼 마라, 좋은 곳으로 가셨을 게다/죽음은 기뻐해야 할 일/주무시듯 가셨으니 복 있는 죽음이라 말하지 마라

죽음이란 영혼의 자유와 삶의 고단함만/떠나보내는 게 아니다/보고 싶어도 볼 수 없는 것/부르고 싶어도 부를 수 없는 것/손잡고 싶어도 손잡을 수 없는 것/우리 사는 세상에서 모든 것이 지워진다는 것

남아있는 사람들이 죽은 이의 흔적을 지운다는 것은/생살을 도려내는 아픔/일제 치하에서 핍박받고 전쟁을 겪고/궁핍 속에서 자식들 가르치기 위해/밀물처럼 떠밀려 온 도시/자식에게 가난을 물려주지 않으려/늘 부족한 잠 허리띠 졸라매며/노동으로 뼈가 삭은 지난날

누리지 않고 아껴둔 것 자식에게 내어 주고/빈 쭉정이로 떠난 죽음 앞에 서/어찌 슬퍼하지 않으랴

- 죽음을 마주하며(전국 여성 문학대전 최우수상 수상작)

아버지의 샹그릴라

지구에 전쟁 아닌 전쟁이 몇 년간 계속 이어졌다. 무기가 아닌 눈에 보이지 않는 얼굴 없는 바이러스와의 전쟁! 코로나가 전 세계를 뒤흔들며 확산이 되자, 아프지도 죽지도 말아야 한다는 생각이 내 머리를 지배하기 시작했다. 사망자가 너무 많아서 화장터에는 화장하지 못하는 시체들이 산처럼 쌓여가고 있었다. 심지어 가족들이 바이러스에 전염이 될까, 싶어서 장례식도 치르지 못하고 화장해야 하는 기막힌 사태가 벌어졌다. 여든이 넘은 아버지가 계셔서 나의 조바심은 날이 갈수록 더해 갔다. 종합병원에 입원하는 환자 옆에는 보호자가 한 명만 있어야 하고, 보호자 교대도 딱 한 번만 가능하기에 병원에 입원한다는 것 자체가 코로나처럼 무서운 일이 되어 버렸다.

그러나 현실에서 일어나지 말아야 할 일들이 나도 모르게 슬며시 일어나고 있었다. 식사도 잘하시고, 건강하시던 아버지께서 어느 날부턴가 두통을 호소 하셨다. 아버지의 두통 증세로 종합병원에서 MRI를 찍고 결과를 기다린 후 입원하기까지 참으로 짧은 시간에 많은 일들이 벌어지고 말았다.

MRI 검사 결과를 확인하러 간 날 신경외과 선생님께서는 아버지의 뇌가 약간 쭈글쭈글한 상태라고 하셨다. 아마 인지능력이 조금씩 떨어지고 있을 텐데, 뇌보다는 코에 염증이 심하다며 이비인후과 진료를 받으라고 권유하셨다. 하루라도 미룰 수 없을 것 같아 곧장 이비인후과로 가서 가장 빠른 시간으로 예약을 잡았다.

예약 시간이 늦은 오후라서 아버지를 모시고 다시 집으로 돌아가서 점심 식사를 마치고 한숨 주무시도록 했다. 소꼬리를 고아서 끓인 국에 밥 몇 숟가락만 말아 드시는 것을 보니 기력이 눈에 띄게 떨어진 듯해서 내 마음은 더욱 초조했다. 이비인후과 예약 시간이 가까워지자, 혹시 입원할 수도 있을 것 같아서 필요한 물품을 챙긴 후에 주무시는 아버지를 깨워 병원으로 갔다. 병원에서 제일 실력 있는 이비인후과 선생님을 수소문해 보니, 세미나 때문에 12월 초에나 병원으로 복귀한다고 했다. 기력이 많이 쇠약해진 상태라 그 선생님을 기다리기에는 아버지께서 위험할 수 있을 것 같았다. 다른 의사 선생님께 검진받는 게 왠지 썩 내키지 않았지만, 시간이 촉박해서 별다른 방법이 없는 듯했다.

이비인후과 선생님께 검진받아 보니 코의 비중격과 양 볼에 염증이 심하고, 곰팡이가 많이 퍼져 있다고 했다. 코의 비중격과 양 볼에 염증이 있을 때는 일반인들은 보통 수술하고 하루 지나면 퇴원을 할 수 있다고 했다. 그러나 아버지께서는 연로하셔서 일단 콧속의 염증을 먼저 제거하고, 아버지의 상태를 봐서 양 볼에 번져 있는 염증과 곰팡이를 제거하는 것이 좋겠다고 했다.

　시간을 지체할 수 없어서 곧장 입원하기로 했다. 입원하기 위해서는 아버지와 보호자가 코로나 검사를 받아야 한다고 했다. 응급실에서 코로나 검사를 받고, 검사 결과 이상이 없어야 입원실로 올라갈 수 있다는 것이다. 아버지께서 응급실에서 코로나 검사를 받기 위하여 콧속으로 면봉을 넣는데 아프다고 소리를 치셨다. 이미 몇 번의 코로나 검사를 받으셨을 때는 콧속에 별다른 문제가 없었는데, 면봉을 콧속으로 넣어보니 콧속이 꽉 막혀 있다는 것이다. 콧속이 막혀 있어서 코로 숨을 쉬지 못하고, 아마 입으로 숨을 쉬셨을 거라고 응급실 선생님께서 말씀해 주셨다.

　아버지께서 감기에 걸리면 동네 이비인후과에서 검진받으셨는데, 의사 선생님께서 콧속 검사는 하지 않았던 것 같다. 콧속으로 산소 공급이 제대로 되지 않으니, 아버지께서 머리가 아프다고 말씀하셨던 게다. 미리 알아차리지 못했던 안타까움에 가슴이 미어졌다.

　응급실에서 입원을 기다리느라 아버지와 함께 있었다. 그런데 아버지께서 춥다고 하시더니 갑자기 혈압이 뚝뚝 떨어지기 시작했다. 발목 밑에 베개를 급하게 대고, 드라이기로 몸을 따뜻하게 해드리자 다행히 혈압이 정상으로 돌아왔다. 나는 다음 날 학생들 수업이 있는 날이라서 남동생이 코로나 검사를 받고, 이틀간 아버지 곁에서 간호하기로 했다. 아버지를 뒤로하고 응급실을 떠나자니 차마 발길이 떨어지지 않았다.

　목요일 수업을 수요일로 당겨서 한 후, 코로나 검사에 이상이 없다는 통보를 받고 아버지께서 입원하고 계시는 병원으로 갔다. 아버지께서는 하루 전에 콧속 염증을 제거하는 수술을 받아서 코에 밴드를 붙이고 계셨다.

아버지께서는 콧속 염증을 제거하고 마취에서 깨어난 직후에 섬망증세를 보였다고 했다. 연세 드신 분들에게는 마취로 인한 시술이나 수술을 한 후에 섬망증세가 자주 나타난다. 남동생은 섬망증세를 처음 목격한 터라 많이 놀란 듯했다. 나는 병원 환경이 낯설기도 하고 병원에 입원했다는 두려움 때문에, 연로하신 분들에게서 나타나는 흔한 증세라고 알려 주었다.

아버지께서 입원하던 날엔 걸을 수 있었다. 그런데 불과 이틀 만에 기력이 더 쇠약해져서 내가 부축해 드려야 했다. 병원에서 나와 함께 있는 이틀 동안에는 스스로 틀니도 빼고, 세수도 하셨는데 사흘째가 되는 날부터는 내가 해드려야 했다.

콧속의 염증을 제거하는 것이라 그다지 심각하게 생각하지 않았다. 그런데 염증 제거 후 계속해서 아버지께서 고열로 힘들어하셨다. 몸이 너무 뜨거워서 얼음찜질로 열을 내려야 하는데, 아버지께서는 오한으로 인해서 춥다고 하셨다. 너무 추우니까 환자복 위에 조끼를 입혀달라는 말씀을 계속하셨다. 낮에는 주무시기만 하고, 밤에는 주무시지 않고 잦은 섬망증세를 보였다. 아버지 자신도 모르게 링거 꽂은 주사기를 빼서 피를 흘린 날도 있었다. 그런 일이 일어난 후에는 아버지의 섬망증세가 심해도 간호사에게 진정제를 놓지 말라고 했다.

섬망증세가 있을 때는 조용히 복도로 모시고 나와서 아버지께서 타고 계신 휠체어를 밀어드렸다. 때로는 로비에 있는 텔레비전 뉴스를 보며 아버지께 말을 붙여 보았다. 그러나 내가 묻는 말에 겨우 대답하고는 이내 다시 눈을 감기를 반복했다. 아버지 눈에 하얀 백태가 낀 듯해서 마음속에서는 불안과 공포가 밀려왔다.

입원 전부터 식욕이 떨어지기 시작하던 아버지께서는 죽마저도 싫다며 입을 꾹 다물며 눈을 감고 계셨다. 내 간절한 설득으로 약간의 죽을 드시는 날에도 하루 종일 눈을 감고 주무시기만 했다. 저녁에 주무시게 하려고 낮에는 일부러 휠체어에 태워 병원 곳곳을 돌아다녔다. 자꾸 말을 걸며 눈을 뜨게 하려고 해도 늘 잠에 취해 계셨다.

아버지께서 집에 가자고 어린애처럼 보채시면 식사 잘하셔야 몸이 건강해져서 집에 돌아갈 수 있다고 으름장을 놓았다. 그러나 음식을 거부하는 아버지를 보면서 내 마음은 더욱 불안해지기 시작했다. 코로나바이러스의 고약함을 2년 넘게 보아왔기에 집을 떠나 병원에 계신다는 것 자체가 아버지에겐 커다란 공포감을 안겨 주었다. 나는 평생을 아버지 그늘에서 아버지의 보호를 받으면서 살았는데, 아버지께서는 고작 5일간 내게 당신의 정신과 몸을 의지하셨다. 아버지의 손을 잡고 집을 나설 때만 해도, 집에 당연히 함께 돌아올 수 있으리라 생각했다.

북한산의 말쑥한 얼굴이 눈에 들어오는 창가에 앉아서 아버지 발을 내 무릎에 올려놓고 주물러 드리며 지난날을 되돌아보았다. 내 건강을 지킨다는 핑계로 일주일에 한 번 산행을 한 것도 후회스러웠다. 내가 산행했던 하루가 아버지에겐 외로운 날이 되지 않았을까? 하는 죄책감이 파도처럼 밀려왔다. 하루하루 약에 취해 기력이 쇠해지는 아버지의 모습에서 난 불안에 떠는 내면의 나를 보았다. 고열에 시달리면서도 춥다고 말씀하시는 아버지를 도와드릴 수 없는 나의 무능함을 한탄할 수밖에 없었다.

젊은 날엔 가을날 하늘빛보다 더 푸른 꿈을 가슴에 품고, 날개를 활짝 펴서 세상을 날고 싶으셨을 아버지! 자식들 뒷바라지에 꾸었던 꿈들이 현실 앞에서 와르르 무너져 내릴 때 감당해야 했던 아픔이 얼마나 크셨을까? 60년을 함께 동고동락하던 어머니의 빈자리가 얼마나 크게 느껴졌을까? 딸에게 차마 눈물을 보일 수 없어 욕실에서 물을 틀어놓고 얼마나 많이 우셨을까? 내가 몇 개월간 아버지 곁을 떠나지 않았다면, 아버지 병세를 빨리 알아차릴 수 있지 않았을까? 좀 더 빨리 병원에 입원 시켜드렸다면 지금 내 옆에 살아 계시지 않을까?

어머니 떠나고 6년간 힘들어하시는 아버지를 더 잘 모시려고 했는데, 아버지께서는 그런 내 마음도 헤아리지 못하고 떠나셨다. 치매에 걸려도 요양원에 보내지 않고, 곁에서 돌봐드리겠다고 아버지와 약속했었다. 아버지께서 떠나신 후 몇 개월간 아버지와 함께 지냈던 토요일에서 화요일까지가 무척 견디기 힘들었다.

스스로 자책하는 나의 아픔을 알고 계신 듯 어느 날 아버지께서는 내 꿈에 나타나셨다. 아버지의 말소리는 들리지 않았지만, 내가 무언가 잘못했는지 나를 심하게 꾸짖으셨다. 그리고 이내 나를 지긋이 바라보며 잇몸이 훤히 드러나도록 활짝 웃으셨다. 아버지께서 환하게 웃고 계시는 꿈을 꾸고 나니, 좋은 곳으로 가신 것 같아서 마음이 편안해졌다. 아버지께서는 꿈에 그리던 어머니와 하늘나라에 함께 계시니 행복하시겠지. 떠나보낸 아픔을 평생 간직하며 살겠지만, 아버지께서 고통스럽지 않게 주무시듯 눈을 감으셔서 그나마 천만다행이라 생각하기로 했다.

굴비와 갈치

굴비와 갈치는 아버지께서 생전에 가장 좋아하셨던 생선이다. 연탄불로 생활했던 시절에 아버지를 위해서 어머니께서는 저녁 밥상에 늘 굴비를 올렸다. 프라이팬에 굽지 않고, 벌겋게 달아오른 연탄불에 석쇠를 올려놓고 굴비를 구웠다. 연탄불은 조절하기가 쉽지 않아서 굴비를 잘 구우려면 타지 않도록 석쇠를 자주 뒤집어줘야 했다. 연탄불에 구우면 생선 위에 노란 기름기가 뽀글거리면서 맛나게 구워졌다. 굽는 정성만큼 맛 또한 일품이었기에 아버지 최애 음식은 단연 굴비구이였다.

갈치는 굴비 다음이었다. 신선한 갈치는 양 표면이 은색 빛깔로 반짝반짝 윤기가 났다. 게다가 크고 살이 통통하게 올라야 최상품이었다. 작고 가늘면 가운데 등뼈의 굵은 가시와 양쪽 잔가시를 제외하면, 실상 먹을 살이 없었다. 그래서 큰 것을 골라야 했다. 물론 큰 것을 사려면 가격이 비쌌지만, 어머니께서는 음식에는 돈을 전혀 아끼지 않았다. 아버지께서는 무를 반달 모양으로 썰어서 고춧가루와 마늘, 파를 넣고 조린 칼

칼한 갈치조림도 맛나게 잡수셨다.

1990년대에 들어서 LPG 가스로 바뀌면서 석쇠에 놓고 굽던 굴비구이도 수명을 다하게 되었다. 석쇠 대신 프라이팬이 등장하게 된 것이다. 이뿐만 아니라 아파트에서는 냄새난다는 이유로 프라이팬에 생선 굽는 것도 멀리하게 되었다.

아버지께서는 동태나 돼지고기를 넣어서 만든 김치찌개는 전혀 드시지 않았다. 그래서 어머니께서는 칼로 무를 얇게 삐져서 생태를 넣어 끓인 국을 밥상에 자주 올리곤 하셨다. 또한 무를 유달리 좋아하는 아버지를 위해서 김장철에는 배추김치와 동치미를 반드시 담갔다. 겨울철이면 청국장과 더불어서 소화를 도와준다는 동치미는 매끼 밥상에 빠지지 않고 올라왔다.

젊은 날 아버지께서는 고기 중에서 쇠고기만 잡수셨다. 그런데 노년에도 여전히 닭고기는 싫어하셨지만, 돼지고기는 곧잘 드셨다. 그러나 목에 가시가 걸릴까 무섭다며 젊은 날 즐겨 드셨던 굴비와 갈치를 멀리하셨다.

굴비를 상에 올릴 때는 내가 손수 굴비살을 발라 숟가락에 놓아드렸다. 아버지께서 젊었을 때 좋아하던 굴비를 연세 드신 후에 드시지 않으려고 하는 것이 무척 안타까웠다. 월간문학에 발표한 '아버지와 굴비'라는 시에도 가시가 무서워서 생선을 꺼리는 아버지의 모습이 그대로 담겨 있다.

갓 잡아 올린 참조기 아가미 떼고/소금에 절여 해풍에 말린 굴비/조심스레 석쇠에 누여/벌겋게 볼이 달아오른 연탄불에 올리면/

바다에서 사투 벌이며 견뎌 온 흔적인가/뼛속 깊숙이 스며든 진액 뿜으며/노릇노릇 익어 밥상 위 제왕이 되었다

바라보는 자식들 눈망울 안쓰러워/생선은 대가리가 최고라며/대가리부터 드시던 아버지/굴비는 아버지를 향한/어머니의 진한 사랑

아버지 젊은 날엔 대접받던 굴비가/노년이 되어서는 천대를 받았다/틀니를 끼니 맛을 모르겠다/목에 가시가 걸릴까 무서워 못 먹겠다/늘어가는 엄살에 들어도 못 들은 척/뼈 바른 굴비살 숟가락에 놓아드리면/이내 못 이기는 척 맛나게 드셨다

한창 먹고 싶을 땐 돈이 없어 못 먹고/돈이 풍족해지자 이가 부실해 먹을 수 없으니/ 먹고 싶을 때 먹을 수 있다는 것이/얼마나 큰 행복인가/굴비를 보면 아버지가 그리워/차마 마주할 수가 없다

- 아버지와 굴비 (월간문학 671/2025년 1월호) 수록

가시를 핑계로 생선을 멀리하는 아버지를 위해서 생각해 낸 것이 연어다. 연어를 구해서 일부는 찜통에 찌고, 일부는 초밥을 만들어드렸다. 연어를 찌면 살이 연해서 씹기도 수월하고, 회를 좋아하셔서 초밥도 만족해하셨다. 가을철에서 겨울철까지는 철분이 풍부한 생굴로 굴전과 굴 생채 무침을 해드렸다.

겨울철에는 손수 텃밭에서 기른 늙은 맷돌 호박으로 호박죽을 끓였

다. 늙은 호박과 단호박을 넣고 뭉근하게 삶아서 으깬 후에 좁쌀과 팥, 찹쌀로 만든 새알심을 넣고 팔팔 끓여드렸다. 어머니 생전에 한 해도 거르지 않고 담갔던 동치미도 겨울철이면 꼭 담가서 아버지 밥상에 올렸다.

아버지께서는 봄나물로 만든 음식 중에서 쑥국과 달래를 유난히 좋아하셨다. 그래서 쌀뜨물을 받아 삼사월에 돋아난 어린 쑥을 넣고 끓인 쑥국과 달래 무침 또는 달래장을 꼭 만들어드렸다. 특히 달래장은 언제나 드실 수 있도록 식탁에 항상 놓아두었다. 전을 좋아하시지 않지만, 쑥이나 달래를 넣고 전을 부쳐드리면 소주 몇 잔 곁들여 잘 드셨다. 부추와 미나리, 상추, 무 생채 등 겉절이는 가리지 않고 좋아하셨지만, 갓김치 외에 모든 신김치는 싫어하셨다.

여름철에는 닭으로 보양식을 해드려도 잘 잡수시지 않아서, 미꾸라지를 구해 추어탕을 자주 만들어드렸다. 어머니께서 요리해 주시던 추어탕 맛과는 비교되지 않지만, 된장을 풀어 우거지와 토란대, 산초를 넣고 끓여드리면 아버지께서는 잘 잡수셨다. 추어탕은 미꾸라지를 살 수 있으면 계절을 따지지 않고 아버지께 만들어드렸던 음식이다. 여름철에는 겨울철의 동치미 대신 오이냉국을 만들기 위해서 오이짠지를 담갔다.

아버지께서는 어린 시절에 하도 많이 먹어서 질렸다며 감자와 밀가루 음식은 싫어하셨다. 그러나 감자만 갈아서 부친 감자전과 짜장면은 그래도 잘 드시는 편이었다.

직업상 가족과 떨어져 지방에서 식당 밥을 많이 드신 까닭에 아버지께서는 외식을 그다지 좋아하지 않았다. 집에서 만든 음식을 앞에 두고 자식들과 이야기하면서, 술 한잔 마시며 식사하는 걸 더 좋아하셨다. 그러나 피치 못하게 외식해야 할 때는 자식들 의견을 존중해 주셨다. 아파트 경로당에서 정해진 요일에 하는 식사와 한 달에 한 번 있는 외식 참석도 곧잘 하셨다.

  나이가 들면 먹고 싶어도 먹을 수 없는 음식이 있다는 사실을 젊은 날엔 그 누구도 예상치 못한다. 나 역시도 아버지를 옆에서 지켜보면서 그런 사실을 깨달았다. 더구나 아버지께서는 당뇨와 고혈압이 있어서 음식의 종류와 밥의 양에 신경을 쓰셨다. 연시처럼 달콤한 과일도 맘껏 잡수시지 못했고, 아이스크림도 어쩌다 한 번 자식들과 먹는 게 전부였다. 커피마저도 달콤한 믹스 대신 일부러 블랙커피를 드셨다.
  당뇨 관리가 잘돼서 거의 정상 수치에 가까웠는데, 가장 좋아하는 과일인 배도 맘껏 드시지 못하고 음식도 항상 조금 부족한 듯 드셨다. 부모님을 지켜보면서 사람은 지병으로 죽는 것만은 아니라는 것을 깨달았다.
  어쩌면 아버지 말씀대로 한 번 왔다 가는 인생이기에 사람들은 자기 하고 싶은 대로 살다 죽는 게 제일 행복한 것인지도 모른다. 지병이 있다고 지병으로 세상과 하직하는 것은 아니기에, 병이 있어도 자신이 먹고 싶은 음식은 먹는 것이 행복이 아닐까?
  당뇨와 고혈압 때문에 음식조절을 했던 아버지가 안타까워서 조금은 엉뚱한 생각을 해본다. 부족한 솜씨로 음식을 해드려도 타박하지 않고 항상 잘 드시던 아버지께 무한한 감사를 드린다.

제4부 _____ 세월의 무게만큼 진한 그리움

유품을 정리하며

 아버지의 발인을 마치고 형제들이 모두 있을 때 함께 유품을 정리하기로 했다. 어머니 돌아가실 때 홀로 유품을 정리해 보니, 정리할 때마다 몇 날 며칠을 울었다. 누구든 홀로 하기보다는 함께 정리하는 것이 아버지를 생각하며 슬픔을 이기는 데 도움이 되리라 생각했다. 다행히도 형제들 모두 그러자고 내 의견에 흔쾌히 동의해 주었다.

 깔끔한 성격으로 늘 세련된 옷차림을 즐기셨던 아버지셨기에 장롱 안의 옷들도 열을 맞춰 걸려 있었다. 외투며 바지뿐만 아니라 티셔츠들도 가지런히 옷걸이에 줄지어 걸려 있었다. 아버지께서는 외출이나, 산책하러 나가실 때도 편한 옷을 입지 않으셨다.
 티셔츠와 외투, 바지도 깔끔하게 갖춰 입고 걷기에 편한 흰색 운동화나 단화를 신곤 하셨다. 산책하실 때 편한 츄리닝 복장을 권해드려도 싫다며 단정한 옷차림을 선호하셨다.

양말과 속옷은 서랍에 따로 보관하며 챙겨드리기도 했지만, 스스로 챙기겠다고 하셨다. 심지어 여름철에 즐겨 입는 모시옷도 아버지께서 손수 풀을 먹여 다림질해 입으셨다. 아버지께서 유일하게 내게 도움을 요청할 때는 명절에 입으실 한복에 동정을 다는 일이었다. 옷장 속에 걸려 있는 새 옷들이 내 눈에 들어오니 이내 마음이 아팠다. 단 한 번도 입어보지 못한 티셔츠와 외투는 어머니 기일 때 큰언니가 아버지께 사드린 옷이다. 마음먹고 고양동 시장에 가서 산 아버지의 갈색 모자와 청색 모자, 갈색 벨트와 검정 벨트도 내 눈을 사로잡았다. 눈이 침침하다 해서 새로 맞춰드린 안경도 고개 빠지게 주인의 따스한 손길을 기다리고 있었다.

벨트와 모자를 살 때는 아버지와 함께 시장에 가지 않고 나 혼자 갔었다. 모자와 벨트를 고르면서 아버지 마음에 드는지 확인하기 위하여 사진을 찍어 카톡으로 보냈다. 그런데 모자 색깔이 밝지 않아서 별로 마음에 들지 않는다고 하셨다. 종류가 많지 않아서 난감했다. 그래서 내가 고른 모자 중에서 두 개를 샀다. 그리고 작은언니에게 모자 한 개는 오는 길에 사 오라고 부탁했다.

낯익은 손수건들이 아버지 외투 주머니마다 한 개씩 들어있어서 많이 놀랐다. 오래전 스승의 날 때 작은언니와 내가 학부모님께 받아서 건네드린 손수건들이었다. 회사에서 어린이날 선물로 나왔던 크로스백을 몇십 년간 버리지 않고 간직했던 어머니처럼 아버지 역시 똑같았다. 자식의 흔적이 담긴 것이면 무엇이든 소중하게 여기는 아버지의 마음이 내게 전해져서 마음이 울컥했다. 과연 자식도 부모님의 흔적이 담긴 그 무언가를 소중하게 간직할 수 있을까? 생각해 본다.

지폐 수집한 앨범은 외손녀가 원해서 외손녀가 갖고, 오래전에 모아두셨던 동전 꾸러미는 둘째 딸이 갖기로 했다. 그리고 아버지께서 평생 손가락에 끼던 금반지와 외투마다 들어있던 손수건은 형제끼리 나누어 가졌다. 아직 개봉되지 않은 양말과 러닝셔츠는 그대로 보관하고 있다가, 식구들이 한자리에 모일 때 필요한 사람이 쓰기로 했다. 넥타이핀과 시계들은 장식장에 보관해서 아버지가 생각날 때마다 보기로 했다.

아버지의 유품을 정리하다 생전에 할아버지께서 사용하셨던 곰방대와 할머니께서 사용하셨던 곰방대랑 비녀를 발견했다. 할머니께서 돌아가신 후, 상자에 보관된 아버지 학창 시절 상장들은 큰어머니께서 버려서 못 가져왔다고 말씀하신 적이 있었다. 그러나 곰방대와 비녀 이야기는 단 한 번도 말씀하신 적이 없었다. 사랑방에 걸려 있던 할아버지와 할머니 초상화도 이미 버려서 못 가져오고, 작은 사진만 겨우 챙겼다고 하셨다. 큰집에서 사진을 챙기면서 곰방대와 비녀도 함께 챙겨오신 것 같다. 부모님의 유품을 보면서 우리 형제들이 가슴 아파하는 것처럼, 아버지께서도 조부모님의 유품을 보면서 얼마나 마음 아파하셨을까? 할머니께서 돌아가신 후 40년 가까운 세월 동안 소중히 보관하셨기에 아버지의 유품과 함께 장식장에 잘 보관하기로 했다.

어머니의 핸드폰과 지갑을 내가 보관하고 있기에, 아버지께서 사용하던 핸드폰과 지갑 역시 내가 보관하기로 했다. 오래전에 사드렸던 검정 반지갑에는 돈 대신 어린 외손녀를 안고 계신 아버지의 사진이 꽂혀 있었다. 돌이 채 지나지 않은 손녀를 바라보며 잇몸이 하얗게 드러나도록 활짝 웃는 아버지의 모습이 무척 행복해 보였다.

돈을 넣고 다니는 지갑이 아버지에게 무척 불편했던 것 같다. 옷을 정리하다 보니, 외투마다 손수건과 함께 소형 비닐 지퍼백 안에 천 원, 오천 원, 만 원, 오만 원권 지폐들이 들어 있었다. 봄가을 외투나 겨울 외투에 어김없이 돈이 지퍼백에 들어 있는 걸 보고 우리는 소리 내어 웃었다. 외출할 때마다 돈 챙기는 번거로움을 덜기 위해서 모든 외투에 돈을 넣어 두셨던 것 같다. 아버지에게는 지퍼백이 지갑보다 훨씬 편했나 보다. 지퍼백에 돈을 보관한다는 것은 분명 새로운 발상이다. 자신이 정리하는 옷에서 나오는 돈은 정리하는 사람 몫으로 했다. 아버지께서는 하늘나라에 가시면서도 남겨진 피붙이들에게 웃음과 돈을 건네주셨다.

'유품을 정리한다는 것은, 무척 슬픈 일인데도 이렇게 웃음을 줄 수도 있구나'라는 생각이 들었다. 남겨진 우리에게 즐겁게 정리하라는 의미인 듯했다. 아버지께서 아끼던 서예 도구와 사자소학, 명심보감도 책장에 소중히 보관하기로 했다. 늘 붓글씨를 쓰시며 마음 단련에 힘쓰셨던 아버지의 모습이 아직도 눈에 선하다. 하루도 빠짐없이 오후 산책을 마치고 돌아와서 한 시간 동안 서예에 몰두하셨다. 신문지에 먼저 충분히 연습한 후에 한지에 사자소학이나 명심보감의 글귀를 쓰셨다. 어느 날 아버지께 "서예대전"에 출품해 보자고 건의를 드렸다. 그런데 손사래를 치며 쓸데없는 소리 하지 말라며 꾸짖으셨다. 아버지께서 쓰신 서예 작품도 소중하게 간직하기로 했다.

아버지께서는 내가 무엇인가 건의드렸을 때, 싫다고 거절하신 적이 딱 두 번 있었다. 첫 번째는 "서예대전"에 작품을 출품하자는 것, 두 번째는 아버지의 장기인 장구를 다시 쳐보자는 제안이었다. 노년에 느끼는 쓸쓸함을 달래줄 그 무언가가 필요할 것 같았다. 워낙 장구를 잘 치시기에 아버지 재능을 살려보자는 의미였고, 나 또한 신나게 장구를 치는 아버지의 모습이 보고 싶었다.

"뭐 하러 늙어서 장구를 치러 다녀?"라고 하면서도 내가 아버지 장구 치는 모습 진짜 보고 싶다고 하니까 흐뭇해하셨다.

아버지의 출중한 노래 실력도 소문으로 잘 알고 있었다. 카세트테이프를 틀어놓고, 또는 음악 방송을 시청하면서 노래를 따라 부르는 아버지의 모습을 여러 번 본 적이 있다.

누구든 자신이 좋아하는 일을 할 때 가장 행복하다고 말한다. 아버지께서는 자식들의 뒷바라지만 아니었다면 글 쓰며, 노래 부르며, 장구 치며, 해외 영화를 즐겨보며 예술인으로 사셨을 것이다.

아버지께서 평소 잘 듣던 테이프를 정리하노라니, 웃으며 노래를 따라 부르시던 모습이 떠오른다. 테이프와 카세트도 버리지 않고 잘 보관했다가 아버지가 그리울 때, 아버지께서 애창하던 노래를 들어야겠다. 우리 또한 아버지만큼의 나이가 들면 아버지께서 좋아하셨던 노래를 좋아하지 않을까? 아버지와 함께 음악 프로그램을 시청하면서 따라 부르다 보니, 아버지 애창곡도 많이 알게 되었다. 지금 생각해도 아버지께서는 자식들과 허물없이 지낸 참 멋진 분이셨다.

죽은 사람의 유품 보관에 관해서 사람마다 생각이 다르다. 유품 보관하는 것이 좋다 나쁘다 말도 많지만, 옳고 그름을 따질 수는 없다고 생각한다. 망자를 떠나지 못하게 붙잡는 행동이라고 부정적으로 말하는 사람들도 의외로 많다. 그러나 부모님의 유품을 보관하고 있다가 추억하고 싶을 때 추억하는 것도 좋은 일이 아닌가? 갑자기 울적해질 때는 남겨진 유품을 보면서 마음을 달랠 수 있을 것이다. 옛 기억은 추억이라는 이름으로 마음 깊이 생생하게 늘 살아 숨 쉬고 있다. 나이가 들수록 추억은 기억을 더듬으며 더욱 또렷해질 것이다. 후세에 대대로 물려줄 수는 없다고 해도, 생각날 때마다 남겨진 유품을 보면서 생전의 부모님을 추억하는 것 또한 행복이 아닐까?

하늘로의 귀환 천도재 薦度齊

　부모님께서 돌아가신 지 몇 년이 흘렀지만, 49재 이후에 따로 천도재를 지내드리지 못해서 마음이 늘 무거웠다. 그래서 부모님을 비롯해 제사를 모셨던 증조부모님, 조부모님, 그리고 태어난 지 채 일주일도 안 되어 이름도 없이 가족의 곁을 떠난 아기(수자령)의 특별 천도재를 지내기로 했다.

　천도재를 지내기로 한 날 대구 팔공산에 오후 1시까지 도착하기 위해서 이른 새벽부터 서둘러 서울을 떠났다. 몇 개의 휴게소를 들러 절에 도착하니 낮 12시 30분이 되었다. 혹시 늦지는 않을까 걱정했는데 제 시간에 도착해서 천만다행이었다. 부산에 살고 있는 큰 언니 가족과 하루 먼저 부산에 합류한 남동생 부녀도 먼저 와서 우리 자매들을 기다리고 있었다.
　천도재를 진행해 주실 주지 스님께서는 불교계 최초의 장애인 포교단

체인 '원심회'를 창립하셨다. 그리고 불교방송에서 '살며 생각하며'라는 프로를 진행하신 DJ로도 유명했던 분이다. '좋은 벗 풍경소리' 창립 초기 2대 회장을 맡아서 찬불가 보급에 노력했고, 지금도 힘을 보태고 계시느라 눈코 뜰 새 없이 바쁘시다. 예전에 방송을 많이 들어서 그런지 처음 뵙는데도 낯설지 않고, 오래전부터 알고 지낸 사이처럼 친숙하게 느껴졌다. 막냇동생의 간곡한 부탁으로 어렵게 승낙해 주셔서 더욱 뜻깊은 천도재가 될 것 같았다. 형제들이 법요집을 앞에 놓고 경건한 마음으로 천도재가 시작되길 기다렸다.

천도재의 천薦은 관세음보살님, 대세지보살님, 인로왕보살님, 아미타부처님께 영가(죽은 사람을 높여 부르는 말)와 불자, 스님을 비롯한 모두를 추천하는 것을 말한다.

도度는 천상天上(신들의 세계), 인간人間, 아수라阿修羅(싸우기 좋아하는 귀신), 축생畜生(짐승), 아귀餓鬼(탐욕을 부려서 늘 배고파하는 귀신), 지옥地獄 등 육도六度를 말한다. 불교에서는 사람이 죽으면 49일 동안 생전에 지은 업業(몸과 입과 마음으로 짓는 선악의 소행)의 심판을 받는 중음기中陰期(이승과 저승 사이에 있는 시기)를 거친 후에 지은 업의 경중에 따라서 6도 중 하나로 윤회한다고 한다. 재齋는 몸과 마음을 깨끗이 정화한다는 의미이다.

즉 천도재란 영가의 몸과 마음을 깨끗이 정화 시켜서 살아생전에 지은 업을 부처님의 가르침인 불경을 통해 소멸시키고, 지혜로운 마음으로 극락왕생할 수 있도록 공양과 기도를 올리는 의식이다. 사람들은 죽으면 모든 것이 끝나고 사라지는 것이라고 믿는다. 그러나 불교에서는 육체는 사라져도 영혼은 사라지지 않고, 생전에 지은 업에 따라서 육도를 윤회하다가 때가 되면 인연을 만나 환생한다고 한다. 천도재는 귀의(불佛, 법法, 승僧에 의지하여 구원을 청함), 참회, 염불, 독경, 헌공(물건을 바치는 것), 청법, 발원(부처님께 소원을 빔) 등의 내용으로 이루어진 영가를 위한 법회라고 할 수 있다. 천도재는 절마다 다르고 크게 하면 시간과 비용도 많이 소요된다고 한다. 그래서 우리 형제들은 형편에 맞게 일반적인 규모로 진행하기로 했다.

천도재 의식은 먼저 부처님 전에 영가들의 신위를 고하는 영가 축원과 생 축원(천도재를 모시는 자손들 축원)으로 시작되었다. 증조부모님, 조부모님, 부모님, 수자령을 부처님 전에 청해 모신 후에 천도재를 지내는 가족들의 이름을 일일이 아뢰며 스님들과 가족들이 불경을 암송했다.

부처님 전에 신위를 고한 후에는 생전에 영가들의 지은 업을 깨끗이 씻어 내는 정화의식(목욕 의식)이 거행되었다. 관욕灌浴단을 따로 마련해서 대야에 물을 떠 놓고 병풍으로 가린 후, 영가를 목욕과 양치, 세수를 시키는 순서로 진행되었다. 그리고 미리 준비해 둔 수건으로 영가를 닦은 후에 종이옷을 갈아입히는 의식이 행해졌다. 정화의식이 끝난 후에는 영가들이 극락왕생하기를 간절히 염원하면서 스님들과 함께 불경을 큰 소리로 암송했다.

불경 암송을 끝내고 나무아미타불 전에 영가들을 다시 불러 스님들께서 법어를 들려주셨다. 법어를 들려준 후 영가들을 위해서 공양을 대접했다. 영가들 재를 모두 지낸 후에는 부처님 전에 다시 나아가 영가들의 회향을 알리는 의식을 진행했다.

마지막으로 정화의식 때 사용했던 영가들의 옷과 타고 가실 용선, 하늘로 잘 따라가시라고 번幡(부처와 보살의 덕을 나타내는 깃발)을 불로 사르는 소전 의식이 거행되었다.

천도재는 음식 공양뿐만 아니라 불교의 가르침을 전하는 법공양이 함께 진행되는 의식이다. 그러므로 참석한 가족들과 천도재를 주관하는 스님들이 함께 불경을 열심히 암송하는 것이 무엇보다도 중요하다고 한다. 세 시간 동안 징과 목탁을 두드리면서 성심성의껏 염불로 천도재를 진행해 주신 스님들의 노고에 무한한 감사를 드린다. 스님들의 정성과 가족들의 염원으로 진행된 천도재를 통해서 증조부모님, 조부모님, 부모님, 수자령이 잠시 머문 것에 불과한 이 세상과의 인연을 모두 끊고, 극락왕생하시길 마음을 모아 간절하게 빌었다.

영가들이 용선을 타고 이승과 저승의 강, 삶과 죽음의 강을 건너서 좋은 곳으로 가실 거라 믿으며 산 자들은 늦은 공양을 했다. 부모님께서 돌아가신 지 몇 년의 세월이 흘렀지만, 마음속에 연민과 회한이 늘 자리하고 있었다. 이 세상에 남겨진 자식들은 돌아가신 부모님을 생각하며 아쉬움과 죄스러움만 평생 곱씹게 될 것이다. 차마 보내드리지 못하고 스스로 괴로워하며 붙잡아 두었던 부모님을 이제는 자유롭게 놓아드리자고 다짐했다. 긴 시간 동안 정성으로 수고해 주신 스님들과 아쉬움을 뒤로 한 채 작별의 인사를 나눴다. 만남과 헤어짐은 삶에 있어서 피할 수 없는 필연이라고 하지 않는가? 태어나 처음으로 방문한 대구에서 부모님 천도재를 지내고, 스님들과 만남과 헤어짐을 몇 시간 만에 경험했던 잊지 못할 하루를 보냈다.

어쩌다 예술인 가족

아버지께서는 평생을 건축업자로 사셨다. 구조물들을 한 치의 오차 없이 손이나 공구로 정교하게 다듬어야 하는 예술가였다. 외모와 성격은 천생 남자였지만, 결혼 전에는 털실로 옷이나 목도리를 손수 뜰 정도로 내면은 여성 못지않게 섬세했다고 한다.

인부들을 관리하며 현장에서 공사를 진두지휘해야 했기에 늘 긴장의 끈을 놓지 않고 매사 신중해야만 했다. 직업 특성상 지방에서 공사를 맡아서 일하실 때는 몇 개월, 또는 몇 년 동안 가족과 떨어져서 생활해야 했다. 아마도 가족과 떨어져서 지내는 것이 아버지에겐 크나큰 고통이었을 것이다. 다행히 겨울철에는 건축일의 휴식기라서 가족과 헤어지지 않고 집에서 함께 생활할 수 있었다. 젊은 날 가족과 떨어져 지내는 시간이 많아서인지 아버지께서는 노년에도 집을 떠나 여행하는 걸 싫어하셨다. 심지어는 밖에서 외식하는 것도 좋아하지 않았다. 그런 아버지를 가족들은 도저히 이해할 수 없었다. 나 또한 아버지를 이해하기까지 참으로 오랜 시간이 걸렸다. 장기간에 걸쳐 지방에서 일을 하실 때는 간혹 가족을 만나러 서울로 올라오셨다. 내가 국민학교 3학년 때의 일이었다. 강원도에서 일을 하고 계셨던 아버지께서 어느 날 갑자기 목발을 짚고 나타나셨다. 한쪽 다리를 깁스한 채 목발을 짚고 나타난 아버지 모습에 나는 깜짝 놀랐다. 다리를 다친 환자가 기차와 버스를 몇 번씩 갈아타고 가족이 보고파 왔노라고 하셨다. 공사 현장에서 사고를 당해서 수술 후 병실에 홀로 계셨으니, 가족이 어찌 그립지 않았겠는가? 이렇듯 집 밖에서 생활할 수밖에 없었던 시절이 있었기에 집을 떠나고 싶지 않은 것은 지극히 당연한 일이었다.

내가 국민학교 5학년 때인 1975년에 드디어 우리 집에도 전화와 텔레비전이 생겼다. 아버지께서는 주말이면 MBC의 「주말의 명화」와 KBS의 「명화극장」에서 방영하는 해외 영화를 보시곤 했다. 우리 형제들은 큰 방에 옹기종기 모여 앉아서 아버지와 함께 영화를 보았다. 텔레비전의 주도권은 단연 아버지가 갖고 계셨기에, 일찍 잠들기 싫은 우리들은 해외 영화를 볼 수밖에 없었다. 영화 보기는 국민학교 때뿐만 아니라 중학교, 고등학교 시절까지 이어졌다. 그 시기에 무엇과도 바꿀 수 없는 주옥 같은 흑백영화들을 만났다. OK 목장의 결투, 제인 에어, 폭풍의 언덕, 에덴의 동쪽, 이유 없는 반항, 누구를 위하여 종을 울리나, 무기여 잘 있거라, 자이언트, 길, 노트르담의 꼽추, 로미오와 줄리엣, 황야의 무법자, 석양의 무법자, 닥터 지바고, 해바라기 등 수많은 명작을 접할 수 있었다.

어디 영화뿐이랴! 영화에서 만났던 제임스 딘, 게리 쿠퍼, 안소니 퀸, 크린트 이스트우드, 알랭 들롱, 록 허드슨, 오마 샤리프, 로버트 와그너,

소피아 로렌, 잉그리드 버그만, 엘리자베스 테일러, 나탈리 우드, 비비안 리 등의 배우들도 알게 되었다. 멋진 배우들의 연기와 우리와 전혀 다른 서양인의 외모에 정신을 몽땅 빼앗겨 버렸다. 게다가 은은하게 흘러나오는 영화음악은 내 마음을 사로잡았다. 그야말로 영화를 볼 수 있는 토요일과 일요일을 학수고대하며 살았던 시절이었다. 해외 영화와 음악을 좋아하던 아버지의 감성적인 면을 우리 형제들은 하나같이 모두 이어받았다.

감성적이고 여린 아버지와 달리 어머니는 참 강한 분이셨다. 성장하면서 아버지의 눈물은 봤어도, 어머니의 눈물은 단 한 번도 본 적이 없다. 어머니는 열 살이 될 때까지 외할아버지께서 업어줄 정도로 외가에서는 애지중지 키운 귀한 첫째 딸이었다. 집안 또한 남부럽지 않게 살아서 어릴 때 외갓집에 가면 유과와 팥이 앙금으로 들어간 하얀 찐빵을 항상 먹을 수 있었다. 남들은 거무튀튀하고 이로 씹어도 깔끄러운 보리 개떡을 해 먹는데 외할머니와 외숙모께서는 갈 때마다 새하얀 찐빵을 만들어 주셨다.

어려움 없이 성장한 탓인지 어머니께서는 온화하고 긍정적인 성품을 지니셨다. 여자라고 해서 꼭 결혼해야 하는 것은 아니라는 학창 시절의 어머니 말씀은 나에게 신선한 충격을 안겨주었다. 결혼을 필수로 생각했던 그 당시엔 획기적인 사고가 아닐 수 없다. 육 남매를 키우면서도 아버지와 함께 공부하라는 잔소리를 전혀 하지 않았다. 해가 저물어도 노는 데 정신이 팔려 귀가하지 않아서 혼난 적은 있어도, 공부 안 한다고 혼난 적은 한 번도 없었다.

어머니께서는 내가 국민학교에 다닐 때부터 코펠과 버너를 배낭에 챙겨, 우리 형제들을 들녘이나 계곡으로 데리고 다니셨다. 메밀꽃이 흐드러지게 핀 군포 들녘에서 끓여 먹던 삼양라면의 맛, 녹음이 우거진 관악산 맑은 계곡에서 발을 담그며 끓여 주셨던 백숙의 맛, 원두막에서 먹던 참외와 수박의 싱싱하고 달콤한 맛이 지금도 생각난다. 어머니께서는 우리 형제들을 현장에서 직접 체험할 수 있도록 노력해 주셨다. 젊은 시절부터 돌아가시기 전까지 자식들과 어딘가로 여행하는 것을 무척 좋아하셨다.

생전에 어머니께서는 죽어서도 이곳저곳 훨훨 자유롭게 날아다니는 새가 되고 싶다고 말씀하셨다. 그래서 자신이 죽거들랑 화장한 뼛가루를 한 곳이 아니라, 여기저기 여러 곳에 뿌려 달라고 하셨다. 어머니 떠나신 후, 어머니께서 그려 놓은 그림을 우연히 보게 되었다. 무지갯빛 새가 하늘을 훨훨 날고 있었다. 정녕 한 마리 새가 되셨을까?

아버지의 섬세하면서도 날카로운 통찰력과 역마의 눈빛을 가슴에 안고 평생 낭만을 만끽했던 어머니의 감성을 닮아서일까? 우리 형제들은 각자가 지닌 능력을 발휘하며 한마디로 다들 하고 싶은 일을 하면서 살고 있다. 자본주의에서 으뜸인 돈보다는 돈이 되지 않는 일들을 하면서 말이다. 어쩜 "세상을 너무 힘들게 살 필요는 없다"라고 말씀하시던 아버지의 조언대로 타고난 끼를 어쩌지 못하고 살고 있는지도 모른다.

첫째 딸은 손재주를 타고났다. 아버지처럼 글씨를 잘 쓰는 명필이다 보니, 서예에도 두각을 나타냈다. 글씨뿐만 아니라 등공예와 뜨개질 솜씨도 수준급이다. 부모님의 조끼와 스웨터뿐만 아니라 동생들의 스웨터,

조끼, 심지어 등에 메는 백 팩과 어깨에 메는 가방, 한복 차림에 어울리는 비즈로 만든 가방 등 손으로 만드는 것은 무엇이든지 잘 만들었다. 레이스를 떠서 집안 곳곳을 아름답게 장식하는 것도 좋아한다. 생활 도자기를 배워서 여러 가지 그릇과 소품을 만들어서 직접 실생활에 사용하기도 한다.

큰딸은 살림 밑천이라고 했던가? 형제 중 가장 똑똑했지만, 동생들에게 많은 것을 양보해야 했다. 동생들에게 책에 대한 갈증을 해소해 주기 위해서, 「한국 문학 전집」「세계 문학 전집」「사상 전집」 등 책이란 책은 모두 다 사주었다. 그런 책들을 보관할 책장이 부족해서 아버지께서는 책을 많이 꽂을 수 있는 특수한 책장을 직접 만들어 주셨다. 아버지와 함께 영화로 보았던 작품을 「세계 문학 전집」을 통해서 글로 만날 수 있었던 건 큰언니가 우리 형제들에게 안겨준 크나큰 선물이었다.

둘째 딸은 아버지께서 가장 사랑한 딸이다. 식구가 많으면 사글셋방을 얻을 수 없어서 가족이 서울로 상경할 때, 외갓집에 맡겨졌다. 가족들과 가장 오래 떨어져 살아서인지 아버지께서 특히 애정을 많이 갖고 계셨다. 학생들이 시골에서 검정 고무신 신고 책보를 메고 학교 다닐 때, 둘째 딸은 구두를 신고 백 팩을 메고 다녔다. 시골 아이지만 혼자만 서울 아이처럼 차림새가 남달랐다. 아버지께서는 둘째 딸을 만나러 시골 외가에 가실 때면, 팔베개를 해주시며 잠이 들 때까지 노래를 불러주셨다고 했다.

둘째 딸은 그림을 잘 그려서 학교 대표로 미술 대회에 많이 참가했다. 1970년대 시골에서 화판 갖고 사생대회에 나간 학생은 유일하지 않았을까 싶다. 국민학교 5학년이 되어서야 서울로 상경하여 가족과 함께 살게 되었다. 첫째 딸처럼 둘째 딸도 손재주가 좋아서 철 지나서 입지 못하는 어머니의 털옷으로 털모자와 코트를 만들어 입기도 했다. 1974년도에 배우 잉그리드 버그만이 쓰고 다닐 법한 모자를 쓰고 다녔다. 그 시절에는 그 누구도 그런 모자를 쓰고 다닌다는 걸 상상할 수 없었다. 중학교 1학년 때인 어느 날 갑자기 신문 배달을 하고 싶다고 했다. 창피하게 왜 언니가 그런 일을 하냐고 따져 물었더니, 자기가 읽은 소설에서 주인공이 신문을 돌리는데 너무 멋있었다는 것이다. 내 설득에도 불구하고 끝내 고집을 굽히지 않고, 동네 골목마다 신문을 돌리고 다녔다. 다소 엉뚱하면서도 자신이 해야겠다고 생각하는 것은 끝내 하고 마는 성격이었다.

그림을 잘 그렸으나 국문학을 전공해서 시를 썼다. 1980년대 활동하던 시인들과 「화석이 된 아침의 편지」라는 공저 시집을 내기도 했다. 어린 시절부터 이해할 수 없는 행동을 하고 다닌 걸 보면, 소설가의 자질을 갖고 태어난 것 같다. 이제야 비로소 본인에게 어울리는 옷을 제대로 입은 격이 되었다. 현재 소설가와 시인으로 활동하고 있다.

셋째 딸은 어릴 때부터 고집이 센 울보였다. 일곱 살 때 가족이 서울로 상경했으나 같은 동네인 큰집에서 1년간 살았다. 아버지께서 졸업하신 대강국민학교에서 1학년 1학기를 마쳤다. 여덟 살이 되어서야 할아버지 손을 잡고 검정 고무신을 신은 채 서울로 상경했다. 그러나 호적이 2년이나 늦게 되어 있어서 1학년으로 전학이 되지 않았다. 그래서 다음 해에 다시 1학년으로 입학할 수밖에 없었다.

어릴 때부터 시골 동네 사람들이 울보라고 놀릴 정도로 잘 울었다. 1

년 넘게 가족들과 떨어져 살아서인지 어머니가 보이지 않으면 늘 마음이 불안했다. 어머니가 사라질까 두려워서인지 잠을 잘 때도 이불 속에서 어머니의 다리를 꼭 붙잡고 잤다. 다른 집의 음식은 전혀 입에 대지 않으면서 똑같은 음식을 만들어 달라고 떼를 써서 어머니께서 많이 난처해하셨다. 놀기를 너무 좋아하고 성격도 선머슴 같아서 방 윗목에 물그릇을 놓아두면 걷다가 엎는 것이 다반사였다. 국민학교 5학년 때부터 시를 쓰기 시작해서 현재는 시인과 수필가로 활동하고 있다.

넷째 딸은 형제 중에서 자신을 드러내지 않으면서도 자신이 해야 할 일은 확실히 해내는 강한 인내심을 지녔다. 스스로 컸다고 할 수 있을 정도로 부모님이 힘들이지 않고 키운 자식 중 한 명이다, 우리나라에서 몇 안 되는 의상학을 전공한 무대 의상 디자이너로 활동하고 있다. 1980년대 후반에는 하이패션과 웨딩드레스 파트가 무척 인기가 있었다. 그래서 의상학 전공자들이 대학 졸업 후에는 거의 하이패션과 웨딩드레스 파트로 진로를 결정하는 것이 일반적이었다. 그러나 미래를 내다보는 안목이 있었음인지, 무대의상으로 진로를 결정해서 무대의상 디자이너로 근무했다.

경력을 탄탄히 쌓은 후에는 과감하게 스스로 무대의상 전문업체인 [주식회사 키트리]를 설립하여 사업체로 일궈 나갔다. 클래식 무용복인 발레복과 현대 무용복을 전문적으로 제작하는 [주식회사 키트리]의 대표이면서 [서울 시티발레단]의 이사이기도 하다. [주식회사 키트리]는 발레복과 현대 무용복을 맞춤과 대여해 주는 무대의상 전문업체이다. 창작 의상을 제작할 때는 재단과 디자인을 직접 할 뿐만 아니라, 바느질과 소품까지 직접 만든다. 가족 중에서 옷에 문제가 생기면 무조건 넷째 딸에게 맡겨진다. 성격은 아버지를 닮았고, 인내심과 무한 긍정은 어머니의 성품을 이어받아 천생 사업주의 면모를 지니고 있다.

다섯째는 형제 중 유일한 아들이다. 아버지와 성격이 비슷해서 때로는 티격태격하면서도 소주 한잔으로 섭섭함을 풀던 부자지간이었다. 서로 많은 대화를 나누지 않아도 서로를 이해하고 믿는, 이 세상에 둘도 없는 말 그대로 끈끈한 사이였다. 아버지께서는 심지어 차를 탈 때도 딸들 차를 타기보다는, 아들 차 타는 걸 더 선호하셨다.

대학에서 도예를 전공한 며느리와 함께 넷째 딸 회사인 [주식회사 키트리]가 기반을 다지는데 많은 아이디어를 제공했다. 중국에서 공장을 운영하면서 발레복을 만들어 판매하는, 인터넷 쇼핑몰 [발레플러스]를 운영하고 있다. 사업에 대한 수완이 좋고 성격이 호탕해서 처음 만나는 사람과도 금세 친해지는 매력을 지니고 있다. 어디에 있건 쉬지 않고 부지런히 움직이는 생활력이 강한 스타일이다. 그 누구보다 하루를 일찍 시작하는 새벽형 인간형이다. 아버지에게는 든든한 기둥이었고, 어머니에게는 자상한 여행의 동반자가 되어 주었다.

모든 집안일을 맡아서 장녀처럼 살림하는 막내딸은 문학, 그림, 사진 등 다재다능한 재주를 갖고 있다. 경제적인 부분 때문에 삼부토건에서 몇십 년간 현장 근무를 했지만. 원래는 글을 잘 쓰고 애니메이션 작업을 했었다. 작품으로는 미국의 대표적 풍자 시트콤 애니메이션인 '심슨 가족'과 '비틀 튜스'가 있으며 프랑스 작품과 한국 작품도 다수 작업을 했다. 연이은 작업 때문에 한쪽 눈이 너무 나빠져서 애니메이션을 그만둘 수밖에 없었다.

애니메이션 작업을 할 수 없게 되자, 사진 출사에 몰두했다. 현대 사진가 협회와 불교 사진가 협회에 소속되어 활동하면서 인사동에서 여러 차례 사진전을 갖기도 했다. 풍경 사진뿐만 아니라 인물사진에도 관심이 많아서 국내 인기 가수들을 촬영한 사진을 다수 소장하고 있다. 안타깝게 우리 곁을 너무 일찍 떠나 버린 매력적인 음성의 소유자 가수 고 김광석 씨의 사진도 많이 찍었다. 흑백 사진을 좋아해서 풍경 사진이나 인물 사진을 흑백으로 많이 찍었다.

무엇 하나를 사도 철저하게 조사를 한 후에 신중히 구매하는 살림꾼인 유일한 외손녀는 미대에서 섬유디자인을 전공했다. 우리나라에 몇 안되는 컬러 리스트 기사로 캐나다 유학 후에 국내 의류 기업에서 근무했다. 현재는 [국립○○ 국악원]에서 의상 감독으로 재직 중이다.

부모님께서 보신 첫 손녀여서 외갓집에서 많은 사랑을 가장 오랫동안 받았다. 성격이 차분하면서도 세심하고 어릴 때부터 조부모님과 함께 살아서 그런지 예의가 바르다. 어른들의 마음을 잘 헤아릴 줄 알아서 아버지와 어머니께서 많이 예뻐하셨다. 아버지께서 돌아가신 후에 유품을 정리하면서 아버지의 지갑을 발견했다. 옷에 넣고 다니는 것이 불편하셨는지 지갑 속에는 돈 대신에 뜻밖의 사진 한 장이 들어 있었다. 잇몸이 훤히 드러날 정도로 환하게 웃으며, 백일이 갓 지난 외손녀를 품에 안고 계시는 아버지의 모습이었다. 첫 손녀에 대한 아버지의 각별한 애정을 읽을 수 있었다.

큰손녀는 어릴 때부터 노래 실력이 뛰어나고 예술가의 기질이 뚜렷해서 연극 영화학을 전공했다. 타고난 재능과 함께 고등학교 시절부터 연극부에서 기본기를 단단하게 다진 덕분에 대학 시절부터 이미 교수님들께 실력을 인정받았다.

목소리가 청아하고 성량이 풍부해서 대학을 졸업한 후에는 연극배우와 뮤지컬 배우로 활동하고 있다. 맏딸이어서일까, 어린 시절부터 떼를 쓴 적이 없을 정도로 순한 성품을 지녔다. 무언가 사주고 싶어서 가게로 데려가면 사주는 사람의 주머니를 먼저 생각해서인지 꼭 한 가지만 골랐다. 자신보다는 상대를 먼저 배려하는 마음이 있어서 말과 행동을 항상 신중하게 하는 요즘 보기 드문 MZ세대이다.

공연 대표작으로는 연극 '주변인'이 있으며, 예술창작 활동 지원 사업 선정작으로 1919년 3월 19일 괴산장터에서 일어난 뜨거운 함성과 비극적인 남녀의 인생 이야기를 다룬 '괴산장터 그날의 함성'과 로맨틱 코믹 체력극인 '신바람 삼대'가 있다. 경기문화재단의 '12인의 성난 사람들'과 금천문화재단의 '피에르 파틀랭'이 최신 공연작이다. 뮤지컬 공연작으로는 '창고'와 유명한 설화인 '자린고비'를 대중 친화적인 음악 콘텐츠로 제작한 어린이 음악곡인 '짜짜짜린 고비'가 있다.

우리 가족은 어쩌다 예술의 피가 뼛속 깊이 흘러들어 예술인의 삶을 살게 되었을까? 여행하기를 즐기시던 어머니의 새처럼 자유로운 정신과 문학, 음악, 영화, 스포츠를 즐기셨던 아버지의 DNA 때문일까? 그것도 자식의 대까지가 아니라 삼대에 걸쳐서 진행 중이지 않은가? 이러한 DNA가 가족의 몸속 깊이 흐르고 있다는 것이 나는 자랑스럽다. 자신만의 예술 작품을 창조하기 위해서 고독하고 외로운 부분을 감수하면서, 자본주의 사회에서 부족한 돈으로 생활한다는 것은 결코 쉬운 일은 아니다.

그러나 예술인들은 자신의 마음을 욕심껏 채울 수 없다는 것을 너무나 잘 알고 있다. 원하는 것을 죽을 때까지 할 수 있다는 자부심으로 버티며 살고 있는지도 모른다. 인생을 살면서 은퇴가 따로 없는 예술인으로 산다는 것은 선택받은 삶이라고 생각한다. 예술인의 끼를 물려주신 부모님께 진심으로 감사드린다.

그리운 고향, 송내리

아버지에게 고향은 할아버지, 할머니, 큰아버지, 고모에 대한 끝없는 그리움이 서려 있는 곳이다. 부모님뿐만 아니라, 형제들과 애틋한 추억이 곳곳에 남아있어 송내리 고향은 아버지께는 그리움의 대상이었다. 일찍 돌아가신 고모 때문에, 눈시울을 적시면서도 큰아버지를 만난다는 기쁨으로 명절마다 거르지 않고 고향을 방문하셨다. 동네에서 소문이 자자할 정도로 형제간의 우애가 무척 돈독한 두 분이셨다.

두터운 형제간의 정 때문이었는지 큰아버지께서는 눈을 감으실 때도 당신 옆에 동생의 묘를 써달라고 부탁했다고 한다. 큰아버지 돌아가신 후, 아버지께서도 죽으면 형님 곁에 묻어 달라고 우리에게 말씀하셨다.

그러나 큰아버지 유해를 임실호국원으로 옮긴 이후로는, 사후에 송내리로 가고 싶다는 말씀을 두 번 다시 꺼내지 않았다. 그리운 조상들의 묘가 송내리에 있긴 하지만, 큰아버지 없는 고향은 아버지에겐 별다른 의미가 없었다.

큰아버지께서 돌아가신 이후에도 홀로 계시는 큰어머니가 불쌍하다며, 몇 년 동안 설과 추석 때 송내리에 내려가셨다. 그러나 큰아버지 제사를 지내지 않는다는 걸 알게 되면서 섭섭한 마음이 커서인지 발길을 끊으셨다.

아버지께서 송내리에 내려가지 않자, 큰어머니께서는 왜 오지 않냐고 성화였다. 그러나 아버지께서는 큰어머니께 송내리에 내려가지 않는 이유를 끝내 말하지 않았다. 큰어머니께서 홀로 사시다가 뇌종양에 걸려서 순창에 있는 요양원에 입원하셨다는 소식을 듣고 나서야 만나러 가셨다. 아버지께서 큰어머니 휠체어를 밀어드리자, 함께 생활하는 분들이 시동생이 형수님을 살갑게 대한다. 며느리는 요양원에 와서도 안에 들어오지도 않고 복도에 멀뚱멀뚱 서 있다가 갔다는 등의 말을 들었다고 했다. 큰어머니와 한 공간에서 생활하는 분들의 말을 듣는 순간 가슴이 너무 아팠다고 아버지께서 말씀하셨다. 아버지께서 어머니와 함께 순창으로 내려가서 뵌 큰어머니의 모습이 결국 마지막 만남이 되고 말았다.

아버지께서는 우리 형제들과 함께 담소를 나눌 때, 젊은 날의 이야기를 자주 들려주셨다. 뒷산에서 손수 나무를 베어와 큰댁을 지어서 애정이 많이 간다고 하셨다. 그런데 어느 날 큰어머니께서는 부모님을 위해서 지었지, 형과 형수를 위해서 지었냐고 아버지께 따진 적이 있었다고 했다.

나무를 베어서 지게로 져 나르느라 어깨가 다 까질 정도였는데, 그렇게 말씀하시는 큰어머니가 무척 섭섭했다고 토로하셨다.

큰어머니께서는 우리 형제들에게는 늘 친절하게 대해 주셨는데, 왜 우리 부모님께는 냉정한 말씀을 곧잘 하셨는지 도무지 이해되지 않는다.

고향을 그리워하셨던 아버지와 전쟁의 아픔을 겪은 큰아버지를 생각하며 지은 시를 발표한 적이 있다. 어릴 때 고향 송내리 그럭재 계곡에서 친구들과 놀던 기억을 떠올려서 쓴 시다.

밤꽃 향기 흩날리는 날/뒷산 뻐꾸기 뻐꾹뻐꾹 뻐꾹/가슴 에이는 울음소리

바다보다 짙푸른 하늘에/쉼 없이 그림 그리는 뭉게구름/이글거리는 땡볕에 머리가 어지러운 날/동무들과 집을 나서면/등 뒤에서 들려오는 할머니의 목소리/한낮에 돌아다니면 문둥이가 아이들 간을 빼먹는다/그럭재에는 전쟁 때 죽은 사람들의 뼈가 아직도 돌아다닌다 /우리는 행여 만나게 될 죽은 사람들의 뼈가 두려워 /그럭재에는 오르지 않고/계곡에서 다이빙하며 신나게 멱을 감았다

곤한 잠에 빠져든 오후/ 뻐꾸기 악쓰는 소리 곳곳에서 들려오면/통비분자로 몰려 학살당한 영혼들/뻐꾸기가 되었나/온몸에 소름이 돋아/부랴부랴 계곡을 떠날 때/뒤에서 누군가 목덜미를 잡는 것 같아/길섶에 핀 연분홍 패랭이꽃도/눈에 들어오지 않았다

오늘처럼 새벽부터 뻐꾸기 울어대면/소총과 죽도로 이유 없이 스러져간 영혼들/나를 기억하라는 외침 같아/하루 종일 귓가에 맴돈다/뻐꾹뻐꾹 뻐꾹

*그럭재(기러기재);전북 남원시 대강면 송내리에 있는 재
- 뻐꾸기(2024년 노계 백일장 입선작)

어릴 적 송내리에 가면 할머니께서는 한낮에 외출하는 것을 반대하셨다. 그 당시에는 문둥이(한센병 환자)들이 많았는지, 문둥이들이 아이들을 잡아간다고 외출을 만류하셨다. 그러나 나는 동네 친구들과 점심을 먹은 후에 꼭 그럭재 계곡에서 물놀이하며 놀았다. 놀다 보면 때로는 한낮의 적막감이 맴도는 산이 불현듯 무섭다는 생각이 들었다. 얼릴 적에 느꼈던 그 무언가 불안한 감정과 6.25 전쟁 당시 강석리에서 일어났던 학살 사건을 뻐꾸기와 연관 지어 시를 썼다.

아버지께서 결혼 후 분가하면서 둔터골 논 두 마지기, 지때 밭 10분의 7(7되지기), 방 터 밭 한 마지기를 할아버지께 유산 받았다고 하셨다. 서울로 이사하기 전에 여름이면 어머니와 함께 목화를 심었던 지때 밭에도 갔지만, 방 터에 있는 밭에도 자주 갔었다. 지때 밭에 가도 햇볕이 따가워서 대여섯 살이던 내가 견디기 힘들었는데, 방 터에 있는 밭에 가면 더 고역이었다. 머리가 어지러워 빙빙 돌 정도로 햇볕이 무척 따가웠다. 그리고 사람들이 살았던 흔적처럼 돌을 쌓아 만든 돌담들이 많았다는 것이 인상적이었다.

어머니께서 이름을 알려 주셨지만, 방 터에는 다른 곳에서 볼 수 없는 하늘 수박이 주렁주렁 달린 채 돌담 위로 넝쿨 져 있었다.

방 터(房基)의 방房이 우리 성과 같다. 내가 찾아본 기록에 의하면 고려 시대에는 방 터에서 사람들이 살았다고 한다. 어릴 때 보았던 돌담들이 바로 집이 있었다는 증거인데, 혹시 우리 방가들이 방 터에 살지 않았을까? 방 터에 대해서 자세하게 알고 싶어도 그 이상의 자세한 기록은 찾을 수가 없어서 아쉽기 짝이 없다.

내가 어릴 적에 느꼈던 방 터에 대한 기억은 아직도 또렷하다. 방 터에 가려면 산비탈을 지루하게 올라가야 했고, 발길에 차이는 것이 돌 뿐이었다. 게다가 큰 단점은 목이 말라도 마실 물이 전혀 보이지 않았다는 점이다. 아마도 물을 구할 수 없어서 사람들이 산비탈 아래로 내려와서 송내리에 터를 잡지 않았을까? 라고 짐작만 할 뿐이다.

대강면帶江面은 고려 시대 이후 남원부에서 관할하는 48방 중에서 견소곡방見所谷坊, 초랑방草郎坊, 생조벌방生鳥伐坊 지역이었다. 고려 시대에 수군을 중요하게 여겨서 전국에 진津을 두어 나루터를 설치했다. 그래서 이때부터 방산芳山 나루터와 금탄金灘 나루터가 생겨났다. 용성지 고적편에 "부의 서쪽 60리에 보유향寶有鄕이 있다"라고 기록되어 있다. 보유향은 아마도 대강면의 옛 지명이었던 것 같다.

1914년에 위의 3개 방을 합쳐 남원군 대강면帶江面이라 했으며 사석리에 면사무소를 두었다. 직할하천인 섬진강이 인근 군 읍 지역과 경계를 이루며, 면 하부 지역을 허리띠처럼 흐르고 있다고 해서 띠 대帶와 강 강江을 써서 대강면帶江面이라고 했다.

13개의 법정리에 22개 행정리와 26개 자연부락으로 이루어져 있었으나, 1981년 7월 1일 사촌리를 사촌 1구와 사촌 2구로 나누었고, 방동리를 편동과 양동으로 나누었다. 그래서 13개 법정리와 24개 행정리로 개편되었다.

1925년 5월1일 대강공립보통학교(사석), 1946년에는 수홍공립국민학교(이전 후 문덕국민학교), 1955년 4월27일 대강중학교(방동), 1958년 8월25일 대강국민학교 광덕분교가 문을 열었다. 1978년에는 문창국민학교가 생겼으나, 현재는 대강초등학교로 모두 통폐합되었다.

　송내리松內里는 자연부락인 송내, 상대치, 하대치 3개 마을을 합하여 법정리인 송대리였으나, 1960년대에 송내리라는 행정리로 분리되었다. 1380년 고려말에는 지금 마을에서 1.5km 떨어진 방 터(房基)에 마을이 있었다. 그러나 1750년경에 방 터가 폐허가 되자 장수 황黃 씨 8세대가 현 위치에 터를 잡은 후 방房 씨, 소蘇 씨 등이 이주해 와서 살게 되었다. 마을 뒤에는 금지면 서매리로 넘어가는 그럭재(기러기재)가 있다. 기러기가 쉬어간다고 해서 서안리라고도 불렀다. 그러나 마을이 소나무 숲으로 둘러싸여 서안리가 '솔 안'으로 바뀌어서 마을 이름을 송내리松內里라 부르게 되었다.

　마을 주변의 산줄기가 북에서 남으로, 또 동에서 서로 내려와 병목형상을 이루는 형태다. 마을의 물(水)과 재물이 빠져나가는 것을 막는 수구막 역할을 하는 수호신 돌탑 두 개가 있었다. 그러나 1942년 일제 강점기 때 소류지(늪지대) 신설 적지로 판단되어 마을 입구에 저수지(방죽)를 건설하면서 조선총독부에 의해 강제로 헐렸다. 마을을 지키는 수호신인 중 바위(사갓 바위) 한 쌍을 이후에 다시 만들어 세웠으나, 1980년에 분실되었다. 그래서 1985년에 송내리 출신의 출가한 스님이 사비를 투자해서 독창적이고 해학적인 미소를 띠고 있는 '돌 벅수 (법수法首)'를 다시 제작해서 세웠다.

　고리봉과 그럭재 골짜기에서 내려오는 물이 모이는 방죽(저수지)의 물은 농수로 사용되었다. 방죽의 물이 빠지면 우렁과 미꾸라지를 양동이 가득 잡기도 했다. 물이 빠진 방죽은 수렁이었다. 방죽 안으로 들어가 손으로 미꾸라지를 잡을 때면 발이 방죽 밑으로 끌려들어 가는 듯했다. 바닥이 너무 미끄러워서 발을 뗄 수가 없어서 무섭기까지 했다. 방죽 아래에는 '웬수물(원수 펑들)이란 데가 있다. 큰댁 논이 있는 곳으로, 여름에 논에서 피를 뽑을 때마다 사람의 피를 빨아먹는 거머리가 많아서 내가 무서워했던 곳이다. 웬수물이란 이름은 옛날부터 이름난 한해旱害(가뭄으로 인한 재해) 상습지로 한발旱魃(가뭄)이 계속되면서 '물이 원수'라는 뜻으로 붙여지게 되었다.

송내리에는 청동기시대의 고인돌군이 있었다. 고인돌군은 마을에서 남서쪽으로 150m 정도 떨어진 곳에 있었다. 고인돌은 논둑에 놓여 있어 하부구조가 명확하지 않았다. 한 기의 고인돌은 장축이 남북 방향이고, 덮개의 규모는 320x195x150cm 정도이며, 하부에서 한 개의 받침돌이 있었다. 다른 한 기의 고인돌은 장축이 남북 방향이고, 덮개돌의 규모는 280x140x105cm 정도이며 받침돌의 유무는 분명하지 않았다.

고인돌 주변 지역에서는 유물이 확인되지 않았으나, 받침돌이 확인되어 기반식 고인돌일 가능성이 높았다. 이 고인돌은 청동기 시기의 대표적인 무덤 유적으로 1987년과 2004년 전북대학교 박물관에 의해 실시된 지표 조사에서 확인되었다. 1차 조사에서는 두 기의 고인돌이 모두 확인되었고, 두 고인돌 간의 거리는 3.6m였다. 그러나 2차 조사에서는 고인돌이 경작으로 훼손되었는지 아니면 흙 속에 매몰되었는지 존재 여부가 확인되지 않았다. 지자체에서 청동기시대의 유적 보호를 좀 더 서두르지 않은 탓에 고인돌군이 사라진 점이 못내 아쉽기만 하다.

송내리는 아버지와 우리 다섯 형제가 태어나서 일정 기간 자란 곳이라 그런지, 아버지 못지않게 나도 사랑하는 고향이다. 가족보다 먼저 서울로 상경해서 어린 시절 송내리에서의 생활엔 아버지에 대한 기억이 전혀 없다. 그럭재 계곡물이 흘러 개울을 이루는 둔터골에 우리 논이 있었다. 지금은 사라졌는지 몰라도 논 바로 아래엔 방죽과는 비교되지 않는 아주 작은 저수지가 있었다. 어머니께서 여름에 논에서 일하고 계시면 어린 나는 얼굴이 비치는 맑은 시냇가에 앉아서 놀았다.

  국민학교 시절엔 동네 친구들과 둔터골 시냇가에서 모래와 강아지풀로 까끔살이를 했다. 그리고 시냇물 속에서 대사리도 잡고, 손가락을 물리면서도 돌을 들춰 가재도 잡았다. 눈을 감고 생각하면 둔터골에서 놀던 시절이 엊그제 같다. 아버지와 내가 머물렀던 송내리는 여전한데, 아버지께서는 내 곁을 떠나고 꿈처럼 세월은 흘러 풍경만 남았다.

남양 방 씨의 뿌리를 찾아서

남양 방 씨 족보南陽房氏 族譜

1. 족보族譜의 유래

　족보는 선조들의 사적과 그 혈통을 수록한 씨족사氏族史로써 자자손손 영원히 전승해야 할 가보家寶이다. 족보의 기원은 중국 육조시대 북송의 대문장가인 소순蘇洵 3부자 (소식蘇植, 소철蘇徹)가 만든 것을 표본으로 한다.
　족보는 혈통을 실증實證한 계보로써 부계父系 중심의 혈연관계를 기록한 것으로 처음에는 가승내외보家乘內外譜 입고조도入高朝圖에서 비롯되었다. 17세기부터 개인이 속하는 씨족집단의 공동 계보로 발전한 가문의 역사로써 이것이 바로 대동보大同譜이다.
　우리나라 성씨의 유래는 왕은 국호를 칭성稱姓 했으나 서민층은 고려 중기 문종조(1055년) 이후에 성姓을 갖게 되었다. 그리고 신라 시대의 신화성으로 박, 석, 김 3성과 6부 촌장에 사성賜姓(왕이 내린 성)한 이, 최, 정, 손, 배, 설 씨 등 6성이 있다. 그 후에 사성賜姓으로 안, 남, 권, 어 씨 등과 외래성인 중국계 성으로 홍, 방, 길 씨가 있다. 이 외에도 외국인이 귀화해서 생긴 성 씨도 있다.

옛 성씨의 유래는 단군 시대 예맥의 군장인 여수기余守己의 아들이 국정에 공功이 많아서 서徐라는 성姓을 받은 것에서 비롯되었다. 그 후 차차 성姓이 많이 생기게 되어 고려 시대에는 본관本貫까지 구분하게 되었다.

2. 남양 방 씨 세보南陽房氏世譜의 발간

우리 가문의 세보는 남원南原에서 편재되었다.
인조경진보仁祖庚辰譜(1640년 만오공晩悟公 방원진 초보 편찬)
숙종계유보肅宗癸酉譜(1693년 서주공西州公 방두재 편찬)
숙종기축보肅宗己丑譜(1709년 노동공鷺洞公 방태근 편찬)
정조무술보正祖戊戌譜(1778년 방길모 편찬)
헌종병오보憲宗丙午譜(1846년 방익상 편찬)
고종무자보高宗戊子譜(1888년 방준일 편찬)
융희갑인보隆熙甲寅譜(1914년 방용규 편찬)의 7차례의 파보派譜를 발간했다.
다음과 같이 4차례의 대동보大同譜를 발간했다.

기묘대동보己卯大同譜(1939년 방형규 편찬)

경자대동보庚子大同譜(1960년 방극성 편찬)

갑자대동보甲子大同譜(1984년 방인원 편찬)

무인대동보戊寅大同譜(1998년 방대업 발행, 방승혁 편집)

무인대동보는

권卷1에는 한림공翰林公파, 제학공提學公파

권卷2에는 창평공昌平公파, 만호공萬戶公파, 봉사공奉事公파, 사직공司直公파

권卷3에는 사계공沙溪公파

권卷4에는 한성공漢城公파, 금서공錦西公파, 진사공進士公파

권卷5에는 의춘군宜春君파, 학생공學生公파로 편제되었다.

3. 남양 방 씨南陽房氏 성의 유래

비조 공鼻祖公의 상계 혈통인 요堯임금의 아들 단주丹朱를 방읍房邑이라는 고을에 후侯(다섯 등급으로 나눈 귀족의 작위 가운데 둘째 작위로 공작의 아래, 백작의 위)로 봉封했다.(현 허베이성과 산둥성 사이 랴오청시, 싱타이시 부근) 이곳은 옛날 오吳나라의 방현房懸이라는 곳이었다.

그후 초楚나라가 오나라의 왕 부개夫槪를 이곳에 봉해서 오방吳房이라 불렀다. 단주께서 능릉을 낳았는데, 불행하게도 방국房國이 망하고 말았다. 그러나 후손들은 나라 이름인 방房을 성씨로 삼았다. 또 옥인

씨屋引氏가 방 씨로 성을 바꾼 파가 있었는데, 이들은 당시 위魏나라 사람이었기에 결국 이 파는 위나라 성이라고 할 수 있다.

이렇게 수천년을 이어 내려오다가 당태종(이세민) 때 문소공文昭公 방현령房玄齡(578년~648년 70세) 님이 계셨다. 구당서舊唐書 66권과 당서唐書96권의 기록에 의하면 방현령 님은 제주濟州 (현 산둥성山東省) 임치인臨淄人으로 서기 578년에 태어나셨다.

증조부는 익翼이고 조부는 웅熊이며 부는 언겸彦謙이다. 자字 (본 이름 외에 부르는 이름)는 교喬이며, 시호諡號(죽은 자의 생전 행적에 따라 임금이 내려 주는 칭호)는 문소공이다. (구당서에는 휘는 교喬요, 자字는 현령玄齡이라고 기록되어 있다.)

방현령 님은 어려서부터 총명하고 글을 잘 지었을 뿐만 아니라, 초서草書와 예서隸書가 명필이었다.

선견지명이 뛰어나서 수隋나라가 망할 것을 예언했으며, 당태종이 진왕秦王이었을 때부터 신임이 두텁고 친밀한 사이였다. 이세민이 당태종으로 즉위한 후에 위국공魏國公(개국공신이나 명장에게 수여되는 작위)으로 봉해졌으며, 11년에 송주자사宋州刺史, 다시 양국공梁國公(외교적 공헌이나 큰 공을 세운 인물에게 수여된 고위 작위)으로 봉해졌다. 그리고 노년에는 사공司空 (정일품에 해당)에 특진되었다.

당태종 때 정사를 다툴 때는 책략은 방현령, 집행은 두여회라며 후세의 역사가들은 [방모두단房謨杜斷]이라 일컬었다. 정략가이면서 경사대가經史大家로서 당태종의 명으로 진서秦書(진나라의 정사, 정관 20년 646년에 간행) 130권을 완간했다. 당태종은 방현령 님을 황족과 같이 예우했으며, 사후에는 태종묘정太宗廟廷에 배향되셨다.

부인은 노 씨 부인이다. 장남인 유직遺直은 자字는 필似이며, 적자라고 해서 은청광록대부銀靑光祿大夫(외국 왕족이나 특별한 공로가 있는 인물에게 부여되는 당나라의 고위 관직)를 제수받았다. 영휘년초永徽年初에 예부상서禮部尙書(예의 및 음악,제사 및 연회와 외교, 교육과 과거를 담당하는 부서의 장관)가 되고, 변주자사汴州刺史(현 허난성 카이펑 지역을 관할하던 책임자)가 되었다.

차남 유애遺愛는 자字가 준俊이며 태종의 제17 황녀인 고양공주高陽公主의 부마도위駙馬都尉(임금의 사위)가 되어 태사경太師卿에 이르렀다. 막내 아들인 유칙遺則은 중산대부中散大夫(당나라 정5품의 관직)로 태종의 이복동생인 형왕원경의 사위가 되었다.

준俊 공의 부인인 고양 공주는 태종의 총애를 받고 있어서 방자하고 요염해서 부군은 안중에 두지 않았다. 홍복사의 승려인 변기와 정을 나누다 탄로가 나서 승려 변기는 요참腰斬(중죄인의 허리를 베어 죽이는 형벌) 당했다. 공주에게는 가택 연금령이 내려졌고, 이에 불만을 품어 국권 주도자인 장손 무기를 보복하고, 부황父皇에 대한 반역을 꾀하는 데에 동참했다. 준俊공과 제15 황녀 단양 공주의 부마인 설만철, 제7 황녀 북경 공주의 부마인 시영무 등이 반역죄로 처형당하게 되었다. 국법은 엄했기에 고관대작의 아들인 부마일지라도 백성들에게는 처형시킨 것을 공포했다. 당시 당나라는 거금을 주고 대리인을 사서 처형자를 바꿔치기 하는 제도가 실제로 있었다.

황제의 두터운 신임을 받으며 막강한 지위를 지닌 방현령 님 또한 억울하게 처형될 자식을 방관할 수만은 없었다. 당나라는 주변국으로부터 문학사 파견요청이 많아서 준俊공을 외국으로 내보내기로 했다. 준공은 고양 공주와의 파경으로 새출발해야 했고, 긴박하게 피신이 필요했기에 다른 학사들과 함께 고구려로 파견되었다. 훗날 준俊공은 반역죄의 누명이 벗겨져서 신원이 복권되었다.

우리나라의 고대 역사서와 씨족사적 등이 외세의 침략으로 인해서 소실되고, 약탈당해 고증할 문헌들이 없었다. 선조들께서는 경진보부터 족보를 발간하셨는데, 고려 개국공신인 계홍季弘 님을 고구려 때 건너 오신 팔학사의 일원으로 잘못 기록하셨다. 갑인보에는 시조공란始祖公欄 안설문按設文을 통해 방 씨房氏의 비조鼻祖는 학사공 휘諱 준俊이라고 기록만 했다. 그 후 계속된 수보修譜 때도 명확하게 기록하지 않아서 시조에 대한 혼돈이 있었다. 그래서 고려정사高麗正史와 구당서舊唐書 등의 문헌 자료에 근거해서 무인보 편찬부터는 준俊 님을 비조로 기록하고, 계홍季弘 님을 방 씨의 시조로 기록했다.

4. 남양 방 씨房氏의 비조鼻祖 유애遺愛 (휘諱 준俊)

비조공 유애遺愛 님의 자字는 준俊으로 고구려에 학사로 입국하셨다. 준俊 님은 당태종의 스승인 문소공文昭公 방현령房玄齡 님의 둘째 아들로 태어나 당태종의 열일곱 번째 황녀인 고양 공주의 부마도위가 되었다. 직위는 태사경太師卿이었다.

서기 643년 보장왕 2년(정관貞觀 17년-당태종) 계묘년 3월에 팔학사 八學士 중 한 분으로 고구려에 입국하셨다. 남양南陽 (경기도 화성시에 위치)에 자리를 잡아 관향貫鄕을 남양南陽으로 받았다.

원래 남양南陽은 고구려 당성군唐城郡이었는데, 신라 경덕왕이 당은 唐恩으로 고쳤다. 그리고 고려 현종玄宗 9년에 영천永川에 속했으며 명종明宗 때 비로소 감무監務 (작은 현縣의 원)를 두었다. 충선왕忠宣王 2년(1310년)에 지금의 이름 남양南陽으로 고쳤다가, 조선조 태종太宗 13년(1413년)에는 도호부都護府 (군에 두었던 지방 관아)를 두었다. 그 이후 변천을 거듭하다가 한때는 인천 관할이기도 했는데, 현재 남양은 경기도 화성시華城市에 위치하고 있다.

5. 남양 방 씨房氏의 시조始祖 (휘諱 계홍季弘)

고려의 개국공신으로 삼한벽상공신三韓壁上功臣에 책록되고 삼중대광보국三重大匡輔國 (고려 시대 정일품 문관의 품계)의 지위에 이르렀다.

비조 준俊 이후 8대조까지 조상님의 이름과 항렬, 사업, 행사 등의 대한 문헌은 전쟁으로 인한 화재로 소실되었다. 보국공 계홍季弘 님은 당나라 태사太師 방현령의 10대 손이시다.

6. 남양 방 씨 사계공파沙溪公派

족보상 23세 경상卿相 조상 님께서 대를 잇기 위해 친척인 22세 준필濬必 님께 양자로 가셨다. 그러나 양자 가신 족보로 따지지 않고 우리 가계 순수 혈통으로 족보를 정리해 보았다.

1대   비조鼻祖 유애遺愛(휘 준俊)

   - 전란 중 2대~8대까지 자료가 소실됨

1세(9대) **시조始祖 (휘 계홍季弘)**; 고려 개국공신으로 벽상삼한삼중대광보국壁上三韓三重大匡輔國(고려 시대 정일품의 문관의 품계)에 오르셨다. 시조이신 계홍 님 이후 4세까지는 벼슬이 무척 화려했다. 아들 의강을 두셨다. 경기도 화성시 마도면 청원리의 당성 '숭령사'에서 향사를 지낸다.

2세   **의강義康**; 금자광록대부金紫光祿大夫(고려 시대 종이품 문관의 품계)로서 문화시랑 중서문하 평장사門下侍郎中書門下平章事로 시호는 제평공이셨고 아들 진유와 정유를 두셨다.

3세   **진유珍儒**; 은청광록대부銀靑光祿大夫(정삼품의 벼슬) 추밀원부사 겸 예부상서樞密院副使兼禮部尙書를 역임하셨으며 아들 계를 두셨다.

4세   **계桂**; 문림랑文林郎(문관의 품계) 검교상서檢校尙書(정삼품 관직) 공부시랑工部侍郎(정사품의 관직) 공부 상서工部尙書(고려 시대 공부의 으뜸으로 정삼품의 벼슬) 벼슬을 하셨으며 아들 지백을 두셨다.

5세 **지백之伯**; 감찰어사監察御史(고려 시대의 종육품 관직) 벼슬을 하셨으며 태보, 태경, 태진 세 분의 아들을 두셨다. 유천서원楡川書院(남원)에 봉향되셨다.

6세 **태보台輔**; 문하찬성사(고려 시대 문하부에 둔 정이품 벼슬) 상호군(정삼품의 관직명) 보국공신門下贊成事上護軍輔國功臣이셨으며 아들 송연을 두셨다.

7세 **송연松衍**; 충익위보조공신찬성상호군忠翊衛補祚功臣贊成上護軍(정삼품의 관직명)이셨으며 아들 주를 두셨다.

8세 **주柱**; 자字는 수정秀精이며 단성양절보리공신광정대부匡靖大夫(고려 시대 종이품 문관의 품계) 문하평리상호군門下評理上護軍(고려 시대 문하부에 둔 종이품 벼슬)이셨다. 아들 사량을 두셨다.

9세 **사량士良**; 號는 행은杏隱으로 홍무정사 고려 우왕 3년(1377년) 때 우수한 성적으로 현량과에 급제하셨다. 보문각직제학寶文閣直提學(정사품의 관직)을 거쳐 전의시승典儀寺承(정사품의 정승)을 지내셨고, 중랑장中郞將(고려 시대 정오품의 무관 벼슬)으로서 시무 11조를 올리고 형조정랑刑曹正郞으로 임명되셨다. 의학에도 두각을 나타내서 전의시승典醫寺丞 뿐만 아니라 전의소감典醫少監(의료 행정과 의학 교육을 맡아보던 관청), 지제생원사知

濟生院事를 지내셨다. 이성계가 혁명을 일으키자 남양행자포南陽杏子浦에 은둔해서 포은 정몽주, 목은 이색 등 명성이 팔은과 같았다. 1399년 조선 정종 원년에는 〈향약제생집성방鄕藥濟生集成方〉〈신찬집성마의방新撰集成馬醫方〉〈신찬집성우의방新撰集成牛醫方〉의 편집에 참여하셨다. 1401년 5월 호조전서 이황에게 침구술을 베풀기도 하셨다. 1403년 조선 태종 3년 5월에는 하륜, 이첨 등과 함께 명나라에 사신으로 다녀와서 밭 15결(90마지기=보통 18,000평)을 하사받았다. 유천서원楡川書院(남원)에 봉향되셨으며 아들 구행, 구달, 구성을 두셨다.

10세 **구성九成**; 字는 성호聖好이다. 사마시에서 어사에 발탁되어 정산현감을 지냈으며 남원南原으로 장가를 들어서 남원에 정착하셨다. 남원 입향조入鄕組이시며 제3파 정산공파定山公派의 파조派祖가 되셨다. 아들 한문, 의문, 순문, 계문, 규문과 딸 둘을 두셨다. 부인은 영인令人(조선 시대에 사품의 문무관의 아내에게 내린 품계) 반성 형邢 씨이다.

11세 **순문恂文**(태종정유太宗丁酉 ~ 성화임진成化壬辰 56세); 字는 숙부肅夫이다. 문장가이면서 명필가로 음직蔭職 (생원, 진사)으로 벼슬길에 올랐고, 경기수운판관 승훈랑京畿水運判官承訓郎(종오품 벼슬)을 지내셨다. 아들 귀원과 귀화를 두셨다. 부인은 숙인淑人(조선 시대 정삼품의 당하관, 종삼품의 아내인 외명부의 품계) 남해 조趙 씨이다.

12세 **귀화貴和**(예종조 기축구중己丑俱中 ~); 조선 전기의 문신이셨다. 시詩를 잘 짓고 뛰어난 명필가로 1469년 예종 11년에 사마양과司馬兩科에 합격하셨다. 가난한 선비로서 서장관書狀官(외국에 보내는 사신을 수행해서 기록을 맡던 임시 벼슬)이 되어 세 차례나 중국에 다녀오셨다. 벼슬은 세 고을의 수령首領 (군수, 관찰사)을 거쳐 삼읍통훈대부三邑通訓大夫(정삼품의 문관의 품계) 호조좌랑戶曹佐郞을 역임하셨다. 1479년 성종 10년에 신계 현령에 제수되셨고, 역학에 정통하여 사옹원司饔院(궁중의 음식에 관한 일을 맡아보던 관아) 주부로 임명되셨다. 1483년 성종 14년에 영접도감(조선 시대에 중국 사신을 맞는 임시 관아)낭청으로서 〈노걸대〉〈박통사〉를 교정하셨다. 아들 한장, 한걸과 딸 다섯을 두셨다. 두 아들들이 아들을 셋씩 낳아서 이 여섯 인물이 남원의 방 씨 문중을 이끌어 갈 파조派祖가 되셨다. 부인은 숙인淑人 용인 이李 씨이다.

13세 **한걸漢傑**(성화임인成化壬寅 ~ 가정기축嘉靖己丑 9월11일 48세); 字는 사언士彦이다. 벼슬이 보공장군保功將軍(조선 시대 종삼품 하의 무관 품계) 행충무위부사行忠武衛副司직을 역임했으며 아들 응남, 응현, 응명을 두셨다. 부인은 숙인淑人 선산 유柳 씨와 숙인淑人 경주 김金 씨이다.

14세 **응현應賢**(가정갑신嘉靖甲申 ~ 기축己丑 66세) ; 字는 준부俊夫, 號는 사계沙溪이다. 일찍이 성리학에 열중하여 노소제, 이일제, 노옥계, 도탄 변사정, 율계 장급 등과 사귀었다. 조식, 이항의 문하에서 학문을 닦았으나 관직에 뜻이 없어서 과거에 응시하지 않았다. 사계천沙溪川 위에 집을 짓고 산다고 하여 마을 사람들이 사계 선생이라고 불렸다. 농학에 관심을 갖고, 평생을 독서와 시를 읊으며 전원생활을 하셨다. 第3派 其5 사계공파沙溪公派의 파조派祖로 남원 유천서원에 배향되셨으며 아들 덕화를 두셨다. 부인은 해주 오吳 씨이다.

15세 **덕화德驊**(명종정미明宗丁未 ~ 계사癸巳 2월 17일 47세); 字는 광운光雲이다. 아들 원진, 원익, 원점, 원정과 딸 둘을 두셨다. 부인은 나주 진陳 씨와 남원 양楊 씨이다.

16세 **원익元益**(~7월 5일); 字는 중겸仲謙, 號는 겸와謙窩이다. 관직은 사옹원주부司饔院主簿(종육품)로 의병, 독립운동가이셨다. 1592년 선조 25년의 임진왜란과 1624년 인조 2년 이괄의 난, 1636년 인조 14년 병자호란 때 형 방원진과 아우 방원정과 함께 의병을 일으켰다. 원익 님은 집에 남아 부모님을 봉양하면서 군량과 우마牛馬를 출연하여 형과 동생을 도왔다. 청나라와 화의和義 소식이 들리자 구례의 오봉산에 은거하며 생을 마쳤다. 아들 명훤, 명현, 명찬 세 분과 딸 둘을 두셨다. 부인은 숙인淑人 남원 양楊 씨이다.

17세 **명훤明烜**(선조기해宣祖己亥 ~ 효종정미孝宗丁未 69세); 字는 문백文伯이다. 선조 때 문필가로 활동했으며, 효종 때인 1652년 임진 증광시 진사에 급제하셨다. 아들 두휘를 두셨으며 부인은 풍천 노

盧 씨이다.

18세 **두휘斗徽**(병인丙寅 ~ 정미丁未 3월 2일 42세); 字는 욱성郁成이다. 아들 태화, 태조, 태중 세 분과 딸 둘을 두셨다. 부인은 원주 이李 씨이다.

19세 **태중泰重**(숙종기유肅宗己酉 ~ 10월 15일); 초휘初諱는 유언猶彦, 字는 처명處明이다. 가선대부嘉善大夫(조선 시대 종이품의 하계 문관의 품계) 호조참의戶曹參議(정삼품 당상관)를 지냈으며, 아들 선의, 선주, 윤민, 창기를 두셨다. 부인은 정부인貞夫人(조선 시대에 정이품, 종이품 문무관의 아내에게 주던 봉작으로 숙부인의 위) 장수 황黃 씨이다.

20세 **윤민允民** (정해丁亥 ~ 11월 22일); 字는 우서于瑞이다. 통정대부通政大夫(조선시대 문관의 정삼품 당상관 품계) 첨지중추僉知中樞(정육품 무관직)에 제수되셨다. 아들 호태, 시태, 경태, 성태를 두셨으며, 부인은 숙부인淑夫人(조선 시대 정삼품 품계를 역임한 당상관의 아내에게 내린 작위) 김해 김金 씨이다.

21세 **호태浩泰** (무오戊午 ~ 4월 27일); 字는 여장汝章이다. 통정대부通政大夫 품계를 받으셨다. 아들 준원과 준삼을 두셨으며, 부인은 숙부인淑夫人 광산 김金 씨이다.

22세 **준원濬元**(병오丙午 ~ 6월24일); 통정대부通政大夫 품계를 받으셨다. 아들은 명상과 경상을 두셨고 부인은 숙부인淑夫人 밀양 박朴 씨이다.

23세 **경상卿相**(정유丁酉 ~ 무진戊辰 2월 17일 63세); 字는 내인乃仁이다. 아들 환철, 환대와 딸 둘을 두셨다. 부인은 금성 추秋 씨이다.

24세 **환철煥喆**(갑진甲辰~정축丁丑 4월 6일); 字는 사형士亨이다. 아들은 영규, 재규, 서규를 두셨다. 부인은 경주 김金 씨이다.

25세 **재규在圭**(철종신유哲宗辛酉 1861년 11월 15일 ~ 1945년 1월 21일 84세); 字는 익현益玄이다. 아들 순열(진철), 진용과 딸 한 분을 두셨다. 부인은 김해 김金 씨 이다.

26세 **순열順烈**(고종신축高宗辛丑 1901년 11월 19일 ~ 1973년 3월28일 72세); 字는 진철鎭哲이다. 아들 성태星泰, 경원瓊源과 딸 순애順愛를 두셨다. 부인은 초계 정鄭 씨 순덕順德(1906년 1월 3일 ~ 1984년 10월 12일 78세)이다.

27세 **경원瓊源**(1935년 8월 16일 ~ 2021년 10월 26일 86세); 字는 양원琅源이다. 아들 승현昇炫과 딸 진희珍希, 형자亨子, 민선旼宣, 미자美子, 미애美愛를 두셨다. 부인은 청송 심沈 씨 孝順(1936년 5월 17일 ~ 2015년 8월29일 79세)이다.

28세 **승현昇炫**(1967년 10월 15일 ~); 字는 극선極善이며, 무대의상 전문『발레플러스』대표이다. 딸 가림價林과 수빈秀頻을 두셨다. 부인은 청주 한韓씨 지선志善(1973년 1월 10일 ~)이다.

진희珍希(1957년 12월 23일 ~); 字는 형순亨順이다. 아들 최기영崔起榮과 딸 최고은崔高銀을 두셨다. 남편은 경주 최崔 씨 석용錫龍(1954년 4월 2일 ~)이다.

형자亨子(1962년 5월 8일 ~) 필명은 안나로 소설가, 시인이다. 아들 김민재金旻載를 두셨다.

민선旼宣(1963년 9월 20일 ~); 字는 성자成字이며, 시인, 수필가이다.

미자美子(1965년 7월 9일 ~); 무대의상 디자이너이다. 무대의상 전문『키트리』의 대표로 "서울시티 발레단" 이사이다.

미애美愛(1970년 12월 10일 ~); 전 현대사진가협회, 불교사진가협회 회원으로 사진가로 활동 중이다.

29세 **가림價林**(2000년 12월 30일 ~); 字는 란솔이다. 연극배우, 뮤지컬 배우이다.

수빈秀頻(2006년 6월 24일 ~); 임상병리학 전공자이다.

※ 17세 ~ 22세까지는 자손이 없는 혈족에게 양자 가신 조상님이 계셔서 직계 혈통과 족보상의 차이가 있음.

- 순수 가계 혈통; 비조 준(1대) - 시조 계홍(1세) - 의강(2세) - 진유(3세) - 계(4세) - 지백(5세) - 태보(6세) - 송연(7세) - 주(8세) - 사량(9세) - 구성(10세) - 순문(11세) - 귀화(12세) - 한걸(13세) - 응현(14세) - 덕화(15세) - 원익(16세) - 명훤(17세) - 두휘(18세) - 태중(19세) - 윤민(20세) - 호태(21세) - 준원(22세) - 경상(23세) - 환철(24세) - 재규(25세) - 순열(26세) - 경원(27세) - 승현, 진희, 형자, 민선, 미자, 미애 (28세) - 가림, 수빈(29세)
- 족보상의 가계(출계); 16세까지 동일 - 명현(명훤 님의 동생 17세) - 두양 (18세) - 태우(19세) - 윤복(20세) - 극현(21세) - 준필(22세) - 경상(23세) - 이하 동일

※ 대로 계산할 경우에는 (세 + 8)을 한다. 예) 28세는 +8을 하면 36대이다.

7. 남양 방 씨 항렬표 南陽房氏 行列表

(木 火 土 金 水 순으로 변에 써서 항렬자 만듦)

23세 상 相	목(木) 변 ↓
24세 환 煥	화(火)
25세 규 圭	토(土)
26세 진 鎭	금(金)
27세 원 源	수(水)
28代 주 柱, 극 極	목(木) 변 ↓

29세 엽 燁, 혁 爀   화(火)
30세 기 基   토(土)
31세 석 錫   금(金)
32세 치 治   수(水)
33세 모 模   목(木) 변 ↓
34세 현 炫   화(火)
35세 곤 坤   토(土)
36세 연 鉛   금(金)
37세 수 洙   수(水)
38세 환 桓   목(木) 변 ↓
39세 열 烈   화(火)
40세 균 均   토(土)

8. 남양 방 씨의 남원 문화재

사계정사沙溪精舍

전라북도 특별자치도 남원시 주생면 영천리에 있는 남양 방 씨의 선조 방응현房應賢이 조선 중기에 처음 세운 정자이다. 정자 옆에 흐르는 냇물을 사계沙溪(모래내)라 해서 사계정사沙溪精舍라고 지었다. 방응현房應賢은 벼슬에 뜻을 두지 않고 이곳에서 학문을 닦으면서 일생을 보냈다. 임진왜란 때 불에 타버린 이후 후손들이 여러 번 고쳐 지었다. 방응현房應賢의 손자 방원진房元震이 1609년에 다시 지은 후 그 모습을

[사계정사도沙溪精舍圖]라는 그림으로 표현했다.

  형태는 정면 3칸, 측면 2칸의 기와로 된 팔작지붕으로 지어졌다. 기단은 화강암으로 2벌 대 쌓은 후 화강암으로 주춧돌을 놓고 두리기둥을 세웠다. 호남지방의 일반적인 정자 양식대로 가운데 한 칸만 방으로 만들고 사방은 마루를 깔고 평난간을 둘렀다. 방 4면에는 모두 쌍여닫이 띠살문을 달았다. 건물 주위에는 돌과 시멘트로 담을 쌓았다.

  정자 안에는 방응현房應賢이 평소 가깝게 지내던 이항李恒, 노수신盧守愼, 조식曺植, 노진盧禛 등의 글이 여러 편 걸려 있다. 현재 남양 방씨南陽房氏 사계공파沙溪公派 종중에서 관리하고 있다. '사계방선생유허중수비'라는 석비가 정자 옆에 세워져 있다.

- 전라북도 특별자치도 문화재 자료 제166호

유천서원楡川書院

  서원은 훌륭한 유학자의 제사를 지내고 지역민을 교육하기 위해서 설립한 조선 시대 지방의 사립교육기관이다.

  남원시 주생면 영천리에 있는 유천서원楡川書院은 1830년 (순조 30년)에 지방 유림들에 의해서 창건되었다. 이곳은 방사량房士良, 방귀온房貴溫, 방응현房應賢, 안전, 안창국安昌國 등 지방 유림의 존경을 받는 5현을 봉안하여 오현사五賢詞라고도 불렀다.

  1868년(고종 5년)에는 흥선대원군의 서원 철폐령에 의해 철거되었으나 후손들이 그 자리에 '오현서원 유허비'를 세워 조상들의 유덕을 기렸다. 그러나 현재는 유허비 경내에는 유천서원楡川書院의 담장, 강당, 고직사(사당) 등의 흔적만 남아있다.

안전과 안창국安昌國의 위패는 안 씨 문중으로 옮겨 갔고, 방사량房士良, 방귀온房貴溫, 방응현房應賢의 위패는 유허지에 묻고 향사를 계속하고 있다.

1984년에는 전라북도 특별자치도 문화재 자료로 지정되었다. 주변에는 사계정사沙溪精舍가 있다.

- 전라북도 특별자치도 문화재 자료 제52호

남양 방 씨 분재기 및 교지, 교첩류 (8점)

남원지역에 세거한 대표적 양반가인 남양 방 씨 문중에는 분재기를 비롯한 교지, 교첩, 소지, 명문, 호적단자 등 100여 점이 넘는 고문서들이 소장되어 있다. 방 씨 가문의 200년간의 삶을 보여준다는 점에서 연구자료로 가치가 높다고 할 수 있다. 이 중 8점은 17~18세기의 자료들로 2016년 12월 9일에 전라북도 특별자치도 유형문화재로 지정되었다.

1619년 분재기는 가선대부 방덕유가 적자 1남 1녀와 서자 1남에게 나눠준 것으로 '균분'이라는 말은 없지만 딸에게도 상당히 많은 재산을 물려주었다. 또 시기적으로 임진왜란 직후로 남녀 균등 상속에서 적장자 위주의 상속제로 넘어가는 과도기의 분재기이다. 문서의 생산 시점과 문서의 성격 등으로 남원 지역사 연구에 귀중한 자료라고 할 수 있다. 소유자는 남원시 동문로 83(동춘동) 방근동 씨이다.

- 전라북도 특별자치도 유형문화재 제241호

※ 남양 방 씨 다음카페 '남양 방 씨 족보 및 참고 사항' 참조
'남양 방 씨 대동보 권 지 삼 南陽房氏大同堡卷之三(沙溪公派)' 참조-한문 직역-

아버님, 보고 싶습니다!

오늘도 아침부터 태양은 며칠째 계속하여 온 대지를 뜨겁게 달구고 있네요!

아버님 그동안 잘 지내고 계셨는지요?

물론 제 가족도 잘 지내고 있습니다. 집사람이 어깨가 아파 달포 넘게 병원에 드나들면서 고생하고 있지만 애들은 모두 잘 지내고 있습니다.

오늘같이 이렇게 무더운 날에는 온 가족이 함께 시원한 계곡이나 바닷가로 나가서 피서하면서 지내는 것이 옛날에는 유행이었죠?

요즈음에는 호캉스를 많이들 가지만요~

2000년대 어느 해 8월 여름휴가 때가 갑자기 생각납니다.

월악산 수렴동 계곡인가? 기억이 가물가물하여 확실치는 않지만, 회사 하계휴양소에서 아버님과 어머님, 집사람, 그리고 처남과 민재, 수빈이랑 함께 지냈었지요?

하계휴양소인 펜션 앞에는 커다란 시냇가가 있었는데, 며칠 전에 내린 비로 인하여 물이 많이 불어서 아이들은 정말 신나게 놀았었지요?

그리고 그곳에서 어머님께서 부쳐주신 전을 안주 삼아서 아버님과 함께 가족들 모두 좁쌀 막걸리를 맛있게 마셨지요!

술을 마신 후, 노래방으로 이동했습니다.

흥에 겨운 아버님께서는 노래방에서 구수한 목소리로 애창곡인 '섬마을 선생님'을 부르셨지요. 술이 약한 저는 일찍 숙소로 돌아와 아버님의 다른 노래는 더 듣지 못했지만, 다른 가족들은 모두 아버님의 멋있는 노래와 함께 즐겁게 놀았다고 입을 모았습니다.

대구에서 왔던 저의 직장 동료도 함께 있었는데, 아버님의 노래 솜씨와 흥에 감탄하여 만날 때마다 아버님은 진정한 멋쟁이라고 하면서 절 부러워했습니다.

아버님! 아버님께서는 여름철이 되면 풀 먹인 빳빳한 모시 적삼을 멋지게 차려입고, 여유롭게 부채를 흔들며 미소 짓던 모습으로 언제나 저희 앞에 계셨지요.

지금, 이 편지를 쓰고 있는 동안에도 아버님의 모시옷 입은 그 인자한 모습이 눈에 선합니다.

아버님의 환한 웃음, 시원하고 아름다운 모시 적삼을 입은 너무나도 행복해 보이는 모습이 지금도 생생하게 떠오릅니다.

유수와 같은 세월을 잡을 수 없어 아버님께서 먼 하늘나라로 가셨지만, 아버님과 함께 했던 그 추억들은 언제나 제 가슴속 깊이 남아 기억될 것입니다.

아버님!!! 보고 싶습니다!!! 사랑합니다♡♡♡

2025년 8월 17일 큰사위 올림

꿈처럼 흘러간 세월

2025년 10월 15일 초판 1쇄 인쇄 발행

지은이   방경원 방민선
펴낸이   박종래
펴낸곳   도서출판 명성서림

등록번호   301-2014-013
주소   04625 서울시 중구 필동로 6 (2, 3층)
대표전화   02)2277-2800
팩스   02)2277-8945
이메일   msprint8944@naver.com

값 15,000원
ISBN 979-11-7439-043-1

본 책의 구성 및 맞춤법, 띄어쓰기는 작가의 의도에 따랐습니다.
이 책의 저작권은 저자와 도서출판 명성서림에 있습니다. 무단 전재 및 복제를 금합니다.
이 책 내용의 일부 또는 전부를 재사용하려면 반드시 저자와 도서출판 명성서림의 동의를 얻어야 합니다.
파본은 구입처에서 바꾸어 드립니다.